絶対『英語の耳』になる!
クールなネイティヴ英語で鍛える!

長尾和夫＋トーマス・マーティン●著

口語表現&スラング リスニング200

三修社

Preface ◆はじめに

　『絶対英語の耳になる！』シリーズ第12作目になる本書は、ネイティヴが日常的によく使うスラングや口語表現の代表格を200取り上げて、その音声変化をチェックしていきます。
　本書の中で取り上げるのは、例えば、下記のような英語表現ですが、みなさんには即座に意味がわかるでしょうか？

【フレーズ】　　　　　　　　【変化した発音】
1. Count me out.　　☞　カウン＿ミアウ（ト）
2. Good going!　　　☞　グッ＿ゴウイング
3. Got it.　　　　　　☞　ガッディ［リ］ッ（ト）
4. Hang in there!　　☞　ハンギネァ
5. Have it your way.　☞　ハヴィッチュア ウェイ
6. How could you?　　☞　ハウ クッジュー
7. Leave it to me.　　☞　リーヴィッ＿ドゥ［ル］ミ
8. Way to go!　　　　☞　ウェイドゥ［ル］ーゴウ

　いずれの表現も、日常会話や、テレビ・ドラマ、映画などの中で頻繁に使用され、なおかつ、とても短いのにもかかわらず、英会話の初心者や中級レベルの学習者にはなかなか理解が難しいものばかりです。
　さて、それぞれの表現の意味を答え合わせしてみましょう。

【各フレーズの意味】
1. 遠慮しておく。　2. その調子！　3. わかった。　4. がんばって！
5. 好きにしたら。　6. どうしてそんな？　7. 任せておいて。　8. いいぞ！

　いかがでしょう？ みなさんは、いくつ正解できたでしょうか？ いずれも含まれている英単語はシンプルなのに、意味はよくわからない、あるいは自分の予想と大きく違っている。そんな感想をもたれたのではないでしょうか？
　本書では、このようなネイティヴがよく使うけれども、意味の取りづらいフレーズで、なおかつ発音変化が大きく聴き取りも難しいものばかりをピック・アップしています。

本書に登場するネイティヴ流のフレーズ群は、基本的に素早く話されることが多いため、音声変化も非常に頻繁に起こります。**1.** の Count me out. なら「カウン＿ミー アウ（ト）」と1カ所あるいは2カ所の［t］音がなくなります。また、**4.** の Hang in there. では［n］＋［ð］の部分で音が混じり合った結果「ハンギネァ」のような発音に変化します。このように、英語独特の音声変化が生じるフレーズばかりを取り上げ、読者に耳慣らしをしてもらうことが本書の企画の主眼です。

　音声 CD には、ゆっくり話したときのフレーズ音声に加え、素早くナチュラルに話した場合に変化した音声（男女各1回）も収録していますので、変化前の音と変化後の音、さらに男女のナレーターでの変化の違いなどもよくわかります。

　フレーズを含んだサンプル・ダイアローグも各表現に3本ずつ収録しているので、600の自然な会話の中で、それぞれのフレーズがどのように聴こえるのかも体験していただくことが可能です。

　また、CD 第3巻の後半では、みなさんの日々の学習の助けとなるように、「フレーズ連続再生パート」＝「フレーズ・モード」を設け、フレーズ音声だけを連続して聴けるように、200フレーズの音声を一気に収録する工夫も加えておきました。

　ぜひ、本書を繰り返し読み、聴き取ることで、ネイティヴ独特の表現の意味とその音声変化を体得してください。本書を読み終えたみなさんの口語英語のリスニング力や理解力が格段に向上したならば、著者としてこれ以上のよろこびはありません。

　最後になりますが、ここで、本書の出版にご尽力いただいた三修社のスタッフのみなさんに、感謝の言葉をお贈りしておきます。

2014 年元旦
A+Café　代表 長尾和夫

Contents ◆もくじ

はじめに	3
本書の使い方	10
本書に登場する「ルールの用語」と「記号」	12

A
| 001 | Are you kidding? | 冗談でしょ?! | 14 |

B
002	Been there done that.	そういうことあるよね。	15
003	Bet on it.	間違いないよ。	16
004	Better luck next time.	今度はうまくいくよ。	17
005	Better safe than sorry.	用心に越したことはないよ。	18
006	Bottoms up!	乾杯!	19
007	Bring it on!	やってみなよ!;かかってこいよ!	20

C
008	Can't complain.	まあまあかな。	21
009	Can you make it?	来られる?	22
010	Care to join us?	いっしょにどう?	23
011	Catch you later.	それじゃあ。;またね。	24
012	Check it out!	見てよ!;すごい!	25
013	Come on in.	どうぞ入って。	26
014	Could be.	かもね。	27
015	Couldn't be better.	最高だよ。	28
016	Count me in!	私も入れて!	29
017	Count me out.	やめておく。	30
018	Cut it out!	やめて!	31

D
019	Definitely.	もちろん。	32
020	Don't ask.	聞かないでよ。	33
021	Don't bet on it.	それはないよ。	34
022	Don't bother me.	邪魔しないでよ。	35
023	Don't get me wrong.	誤解しないで(聞いて)ね。	36
024	Don't get your hopes up.	期待をしすぎないでね。	37
025	Don't give me that.	言い訳はいいから。;ウソ言わないで。;もうたくさん。;聞きたくない。	38
026	Don't I know it!	よくわかってる。	39
027	Don't let it bother you.	あまり悩まないでよ。;忘れちゃいなさいよ。;気にしちゃダメだよ。	40
028	Don't let it get you down.	気を落とさないで。	41
029	Don't let me down.	しっかりやってくれよ。;がっかりさせないでね。	42
030	Don't look at me!	僕を見ないでよ!;僕を疑わないでよ!	43
031	Don't mention it.	大丈夫だよ。;どういたしまして。	44
032	Don't take it out on me.	八つ当たりしないでよ。	45

F

| 033 | Forget it. | ダメ。；とんでもない。 | 46 |

G

034	Get back to me.	あとで知らせてください。	47
035	Get in touch with me.	連絡してください。	48
036	Get on with it!	急いで続けて。；とっととやって。	49
037	Get out!	またまた～！	50
038	Get out of here!	まさか！	51
039	Get out of my way!	どいて！；通して！	52
040	Get real.	現実を見なさいよ。；しっかりしてよ。	53
041	Get this!	聞いてよ！	54
042	Get to the point.	要点に入ってよ。	55
043	Get your act together!	しっかりしなさい！	56
044	Give it a rest!	やめてくれよ！	57
045	Give it a shot.	やってみなさいよ。	58
046	Give me a hand.	ちょっと手伝って。	59
047	Go get 'em!	勝て！；やっつけろ！；行け！	60
048	Good deal!	よかったね！	61
049	Good for you!	よかったね！；よくやったね！	62
050	Good going!	その調子！	63
051	Good grief!	なんてことだ！	64
052	Good job.	すばらしい。	65
053	Good question.	そうだなあ（わからないや）。；難しい問題だね。	66
054	Good try.	がんばったじゃない。	67
055	Go right ahead.	どうぞ、どうぞ。	68
056	Got a second?	ちょっと時間ある？	69
057	Got it!	わかった！；了解！	70
058	Got you.	了解。	71
059	Great job!	すごいよ！；やったね！	72

H

060	Hang in there.	がんばって。	73
061	Have a good time.	楽しんでおいで。	74
062	Have it your way.	勝手にしたら。	75
063	He's in a bad mood.	彼は機嫌が悪いんだよ。	76
064	Hold your horses!	待て待て！；待って！；落ち着いて！	77
065	How could you?!	なんでそんな！	78
066	How should I know?	私が知るわけないでしょ。	79
067	How would you know?!	なんで君にそんなことわかるの？；君にはわからないよ！	80

I

068	I can't get enough!	ハマってるよ！	81
069	I can't help it.	仕方ないんだよ。	82
070	I can't say.	さあ、どうかなあ。	83
071	I can't wait!	待ちきれないよ！	84
072	I couldn't agree more.	まさしく。	85
073	I couldn't care less.	どうでもいいよ。；気にしないよ。	86

074	I could use …	…があるといいなあ。	87
075	I'd be happy to.	よろこんで。	88
076	I don't care.	どうでもいいじゃん。；気にしないよ。	89
077	I don't get it.	納得できない。；理解できない。	90
078	I don't mind.	かまいませんよ。	91
079	I doubt it.	それはどうかな。；そう思わないな。	92
080	I get you.	わかる。	93
081	I haven't got all day!	いつまで待たせるのさ！；早くして！	94
082	I kid you not.	冗談じゃないって。；マジなんだよ。	95
083	I know what you mean.	わかるよ。	96
084	I'll be right back.	すぐ戻ります。	97
085	I'll be right there.	すぐに参ります。；すぐに行くよ。	98
086	I'll get it.	僕が出るよ。	99
087	I'll leave it/that up to you.	君に任せるよ。	100
088	I'm bored out of my mind!	死ぬほど退屈なんだよ！	101
089	I'm crazy about it.	もう夢中だよ。；最高だよ。	102
090	I mean it.	本気で言ってるんだ。	103
091	I'm fed up!	もう飽き飽きだ！	104
092	I'm getting by.	なんとかやってる。	105
093	I'm head over heels.	ぞっこんなんだ。	106
094	I'm in a pinch.	ピンチなんだよ。	107
095	I'm in a rut.	マンネリなんだよ。	108
096	I'm on a roll!	乗ってるぜ！	109
097	I'm out of here.	帰るね。	110
098	I'm worn out.	もうボロボロ。；ヘトヘト。	111
099	I really let you down.	ホントにがっかりさせちゃったね。	112
100	I screwed up.	やっちゃった。	113
101	Is that it?	それだけですか？	114
102	It can't be.	あり得ないよ。	115
103	It/That doesn't ring a bell.	思い当たらないな。；ピンとこないな。	116
104	It hasn't sunk in yet.	まだ実感がわかないよ。	117
105	It looks great on you.	すごく似合うよ。	118
106	It's about time!	遅いよ！	119
107	It's in the bag.	バッチリ。；楽勝だよ。	120
108	It's no big deal.	たいしたことじゃないよ。	121
109	It's out of my hands.	私ではお役に立てないんです。	122
110	It's out of this world!	この世のものではないよ！	123
111	I've got butterflies.	緊張してる。	124
112	I've got to hit the hay.	寝ないとダメ。	125
113	I've heard of it.	聞いたことあります。	126
114	I've made up my mind.	決断したんだ。	127
115	I've never been better.	絶好調だよ。	128
116	I've seen better.	たいしたことないよ。	129

J

117	Just what I needed.	そうなってほしかったんだ（皮肉）。；最悪だ。	130

K

118	Keep at it.	あきらめないで。；がんばって。	131

| 119 | Keep it up. | その調子。 | 132 |

L

120	Later.	またね。	133
121	Leave it to me.	任せてよ。	134
122	Let me get it.	僕に払わせて。	135
123	Let me see.	見てみます。；えー。	136
124	Let me sleep on it.	よく考えさせてください。	137
125	Let's call it a day.	今日はここまでにしよう。	138
126	Let's get going.	そろそろ行かないと。	139
127	Let's get started.	さあ、始めよう。	140
128	Let's rock and roll!	よし、始めよう！	141
129	Let's wait and see.	様子を見ようよ。	142
130	Look at you!	すごいね！；すばらしい！；まあ！	143

N

131	No doubt about it.	そのとおり。；間違いないね。	144
132	No kidding.	マジかよ。；冗談でしょ。；まさか。	145
133	Not a chance.	絶対に不可能だよ。；あり得ないよ。；それはないよ。	146
134	Not again!	またなの？；えっ、また？	147
135	Not bad.	悪くない。；ふつう。；まあまあかな。	148
136	Not going to happen.	あり得ないよ。；それは無理だよ。	149
137	Nothing doing.	絶対に無理。	150
138	Nothing much.	特にはなにも。	151
139	Nothing to it.	たいしたことないよ。；なんでもないことさ。	152
140	Not on your life.	絶対にお断りだよ。；絶対に無理。；とんでもない。	153
141	Not this time.	今回はやめておくよ。	154
142	Now you're talking!	そう来なくちゃ！；それはありがたい！	155

R

| 143 | Right back at you. | そっちもね。；こちらこそ。 | 156 |
| 144 | Run that by me again?! | もう一度、説明して。；なに？！ | 157 |

S

145	Say that again?	もう一度言って。；なんだって？	158
146	See you later!	またね！	159
147	She's smoking hot!	彼女、超セクシーだよ！	160
148	Sorry doesn't cut it.	ごめんではすまされないのよ。	161
149	Sort of.	まあね。；なんとなくね。；ややね。；少しね。	162
150	Stick around.	もうちょっと残ってよ。	163
151	Suit yourself.	好きにすれば。；勝手にしたら。；ご自由に。	164

T

152	Take care.	またね。	165
153	Take it easy!	落ち着いて！	166
154	Take it or leave it.	受けるか、あるいはやめるかです。	167
155	That a boy/girl!	やった！；すごい！	168
156	That blows.	それはひどいね。	169
157	That can't be right.	そんなはずはないよ。	170

❶❺❽	That depends.	場合によるね。	171
❶❺❾	That does it!	もう終わりだ！；もうたくさんだ！；もうキレた！	172
❶❻⓿	That'll be the day.	そりゃないな。	173
❶❻❶	That's what I say.	そのとおりです。	174
❶❻❷	That's what you get.	自業自得だよ。	175
❶❻❸	That's what you think.	そんなことないよ。；それは君の思い込みさ。	176
❶❻❹	That's wonderful!	すばらしい！；よかったね！	177
❶❻❺	That will work.	いいね。；それならいいよ。	178
❶❻❻	That works for me.	いいね。；かまいませんよ。	179
❶❻❼	The sooner the better.	早いほどいいよ。	180
❶❻❽	This is driving me crazy.	ムカつく！；頭にくる！	181

W

❶❻❾	Watch out!	危ないよ！；気をつけて！	182
❶❼⓿	Way to go!	やったね！；その調子！	183
❶❼❶	We can work it out.	なんとかなるよ。	184
❶❼❷	We see eye to eye.	同じ考えだね。	185
❶❼❸	What a coincidence!	すごい偶然だね！；なんて偶然だろう！	186
❶❼❹	What a joke!	バカバカしい！	187
❶❼❺	What a letdown!	残念！；がっかりだ！；がっかりだよね！	188
❶❼❻	What a relief!	ああ、ほっとした！	189
❶❼❼	What are you up to?	いま、なにしているの？	190
❶❼❽	What a steal!	すごく安いね！	191
❶❼❾	What a surprise!	超びっくり！	192
❶❽⓿	What did you expect?!	当然でしょ！；そりゃそうでしょ！	193
❶❽❶	What do you say?	どう？	194
❶❽❷	What do you think?!	そんなわけないよ！	195
❶❽❸	What's eating you?	どうかしたの？	196
❶❽❹	What's going on?	最近どう？；どうなってるの？；なにが起こってるの？	197
❶❽❺	What's gotten into you?	どうしちゃったの？	198
❶❽❻	What's the matter?	なにかあったの？	199
❶❽❼	Without a doubt.	間違いないよ。；確実だよ。	200

Y

❶❽❽	You can say that again!	そのとおりだよ！	201
❶❽❾	You can't be serious.	冗談でしょ。；ウソだろ。	202
❶❾⓿	You don't mean that.	冗談で言ってるんでしょ。；本気じゃないよね。	203
❶❾❶	You don't want to know.	知らないほうがいいよ。；恥ずかしくて言えないよ。	204
❶❾❷	You got it?	わかった？	205
❶❾❸	You got lucky.	ラッキーだったね。	206
❶❾❹	You know what?!	あのさあ！	207
❶❾❺	You'll get over it.	そのうち忘れるさ。	208
❶❾❻	You lost me.	わかんない。	209
❶❾❼	You're not alone.	僕も同じだよ。	210
❶❾❽	You're telling me.	まさにそのとおり。	211
❶❾❾	You said it!	まさにそのとおり！	212

Z

❷⓿⓿	Zip it!	やめて！；黙れ！	213

How to Use ◆本書の使い方

❹ ユニット番号
ユニットの通し番号です。ユニットは 001 〜 200 まで。

❺ フレーズの日本語
紹介するフレーズの日本語訳です。

❻ キー・フレーズ
当該ユニットで紹介する、口語表現やスラングなどのキー・フレーズです。CD 音声は次の順で流れます。

```
       音声変化前のフレーズ音声（女性）      ☞   ポーズ
    ☞ 音声変化後のフレーズ音声（男性）      ☞   ポーズ
    ☞ 音声変化後のフレーズ音声（女性）      ☞   ポーズ
```

❼ 音声変化後の発音
キー・フレーズの音声変化後の発音をカタカナで表記しています。[ ] 部分では、囲みの前と囲みの中の発音のどちらかになります。( ) の中の文字は、その音の脱落がある場合とない場合があることを表します。＿ 部分では、音声が脱落します。

E フレーズの解説
キー・フレーズの意味を理解するための解説を施してあります。

F 音声変化の解説
キー・フレーズの音声変化の仕方を理解できる解説を加えてあります。

G ダイアローグ (1〜3)
キー・フレーズを含んだダイアローグを、各ユニットに3本ずつ用意し、CDに収録しました。CD音声はナチュラル・スピードのみで収録してあります。CD音声は次の順で流れます。リスニング学習とともに、CD音声に少し遅れながら自分で発話するシャドーイング練習を行ってもいいでしょう。

> ダイアローグ1（男女）☞ ダイアローグ2（男女）☞ ダイアローグ3（男女）

H ダイアローグ日本語訳
ダイアローグの日本語訳を英文のすぐ下に示しました。

I CDトラック番号【フレーズ&ダイアローグ・モード】― Key Expressions & Dialogues
フレーズとダイアローグをいっしょに収録してあるCDのトラックを示します。【フレーズ&ダイアローグモード】は、ユニット全体の音声を通して聴くことができるモードです。1-02と表記があれば、CD1のトラック02に音声が収録されています。

J CDトラック番号【フレーズ・モード】― Key Expressions
フレーズのみの音声を連続再生するモードの音声を収録してあるCDのトラックを示します。キー・フレーズだけを連続してリスニングできるため、短時間での復習にもとても便利です。

K アルファベット・タグ
フレーズをアルファベットで検索しやすいように、書籍の右ページ端に [A] 〜 [Z] までのタグを付しておきました。

本書に登場する「ルールの用語」と「記号」

　本書では発音のルールを説明するために、次の用語や記号をおもに用いています。本文のCD音声を聴きながら実地で確認していきましょう。

❶ 脱落：英語の音の一部が消えてなくなる場合に「脱落」という言葉で説明しています。例えば、good boy の good では [d] の音が脱落してなくなり、［グッ__ボーイ］のように発話される傾向にあります。

❷ 連結：英語の音声の中で子音と母音が連続する場面では、音の連結が頻繁に生じます。リエゾンとも呼ばれます。例えば、on it ［オン・イット］では、on の [n] の音に it の [ɪ] の音が連なって［オニット］といった発音に変化しますが、これを連結として説明しています。

❸ 弾音化：英語の破裂音 [t] や [d] などに母音が連なっているところで、よくこの弾音化が起こります。例えば、get away では、get の [t] に away の先頭の母音 [ə] が連なっていますが、この [tə] の部分が［タ］ではなく［ダ］や［ラ］に近い弾くような音に変化してしまいます。「ゲッタウェイ」ではなく［ゲッダ［ラ］ウェイ］のように聴こえるとき、これを弾音化していると言います。

❹ 同化：同化とは、2つの音が混じり合って、もとの音とは別の音になってしまうことです。例えば、meet you では、meet 末尾の [t] の音と you の頭の [j] の音が混じり合って別の［チュ］といった音に変化します。

❺ 声門閉鎖音化：声門閉鎖音化とは、button のような単語で [tn] が連続する場面などで生じます。この場合、[t] の音が変化して［バトゥン］ではなく、［バんン］のように聴こえる発音になります。このとき、喉の声門が咳払いをする直前のような状態で閉じられているため、この音声変化を声門閉鎖音化と呼んでいます。

❻ 記号：本書では発音変化をカタカナ表記していますが、その中で次の記号を使用しています。
　　[　] ブラケットは直前の音と入れ換え可能という意味で用いています。
　　(　) 丸括弧は、囲まれている音が脱落する場合があることを示しています。
　　__ 　アンダーバーは、その部分の音声が脱落することを示しています。

Your New English Ears
200 Cool Expressions

001 冗談でしょ?!

Are you kidding?
[ア ユ キディ[リ] ン(グ)]

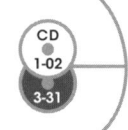

◀フレーズの解説▶
kid は「子ども」の意味の名詞ではなく、「冗談を言う」という意味の動詞。Are you kidding? は、びっくりするような相手の発言に対して、「ほんとうに?」「まじめに?」「マジで?」「うっそー!」と切り返す表現。

◀音声変化の解説▶
kidding で [d] 音が弾音化する場合がある。また、末尾の [g] 音は脱落したり弱まったりする。

ダイアローグ 1

A My son just got accepted to Tokyo University.
息子が東大に合格したんだよ!

B **Are you kidding?** That's great!
ウソでしょ! それはすばらしいわ!

ダイアローグ 2

A I think I'm going to quit my job and move to Hollywood. I want to be an actor.
仕事を辞めてハリウッドに行こうと思った。俳優になりたいんだよ。

B **Are you kidding?**
冗談でしょ?

A Nope. I'm dead serious.
いや。僕は真剣だよ。

ダイアローグ 3

A Our company just told us today they were filing for bankruptcy. They laid everyone off.
会社が今日倒産の申請をすると社員に伝えたんだよ。全員解雇されたよ。

B **Are you kidding?** That's terrible!
冗談でしょ? それはひどいわよ!

002 そういうことあるよね。

Been there done that.
[ビネァ ダナッ(ト)]

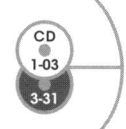

◀フレーズの解説▶
Been there done that. はもとは I've been there and done that too.「そこに行って、それをやったことがある」だったものが省略された表現。「気持ちはわかる」「同じような体験があるよ」と共感する場面で使われる。

◀音声変化の解説▶
been の [n] 音と there の [ð] が同化し [n] 音になる。done that についても同じ。その結果 [ビネァダナット] のように聴こえてくる。

ダイアローグ 1

A I can't believe I locked my keys in my car! How dumb!
信じられない、車にキーを閉じ込んじゃった！なんてマヌケなの。

B **Been there done that.** Now I always keep a spare.
それよくあるよね。いま僕はいつもスペアを持ってるよ。

ダイアローグ 2

A I drank way too much last night. I'm really hungover this morning.
昨夜はホント飲み過ぎちゃった。今朝はひどい二日酔いだよ。

B **Been there done that.**
それ、わかるわ。

ダイアローグ 3

A I'm never stepping foot in casino again. I lost $500 in fifteen minutes!
もうカジノには一歩も足を入れないわ。15分で500ドルもすっちゃったわ。

B **Been there done that.** That's why I don't gamble anymore.
経験あるよ。だから僕はもうギャンブルはやらないんだ。

003 間違いないよ。

Bet on it.

[ベッド [ロ] ニッ (ト)]

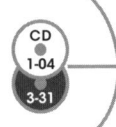

◀フレーズの解説▶
Bet on it. は「それに賭けなよ」が直訳。You can bet on it.「君がそれに賭けても問題ないくらい確かだよ」が省略されたもの。

◀音声変化の解説▶
bet の末尾の [t] 音と on がつながるときに弾音化が起こり [ベッド [ロ] ン] と変化。また、on と it は連結して [オニッ (ト)] のように発音される。

ダイアローグ 1

Ⓐ Do you really think you can make it as a professional DJ?
ほんとうにプロの DJ としてやっていけると思うの?

Ⓑ **Bet on it.** I'll be famous in no time.
確実だよ。僕は、すぐに有名になるからね。

ダイアローグ 2

Ⓐ I'm not sure the Tigers' pitching staff is good enough to win tonight.
今晩のタイガースの投手陣では、勝てるかどうかわからないね。

Ⓑ **Bet on it.** There's no way they can lose.
間違いないよ。負けるわけがない。

ダイアローグ 3

Ⓐ Do you really think smoking will be banned completely someday?
いつか喫煙が完全に禁止されるとホントに思ってるの?

Ⓑ **Bet on it.** Sooner or later smoking is going to be a thing of the past.
間違いないわ。遅かれ早かれ、喫煙は過去のものになるわよ。

004 今度はうまくいくよ。

Better luck next time.

[ベダ [ラ] ーラッ (ク) ネクス＿タイム]

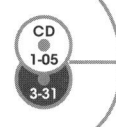

◀フレーズの解説▶
Better luck next time. は「(今回は残念な結果だったけれども) 次はがんばれ」と、慰め励ます言い回し。luck は「幸運；運；つき」。

◀音声変化の解説▶
この表現では、better の [t] 音が弾音化する場合がある。また、next time では [t] 音が連続するため、片方が脱落し [ネクス＿タイム] と発音される。

ダイアローグ 1

A I lost in the very first round of the tournament! I'm so disappointed.
トーナメントの初戦で負けちゃったの。すごくがっかり。

B **Better luck next time.** I'm sure you'll do better.
今度はうまくいくことを祈ってる。きっと君ならもっとうまくやれるよ。

ダイアローグ 2

A I went to two interviews but I didn't get either of the jobs.
2 カ所面接に行ったんだけど、どちらの仕事も、もらえなかったの。

B That's too bad. **Better luck next time.**
残念だね。今度はうまくいくよ。

ダイアローグ 3

A I really thought I was going to get that promotion at work.
仕事で昇進させてもらえるとホントに思ってたのに。

B **Better luck next time.**
次はいいことあるさ。

００⑤ 用心に越したことはないよ。

Better safe than sorry.

[ベダ [ラ] ー セイフ ザン ソーリー]

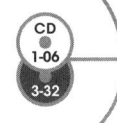

◀フレーズの解説▶
Better safe than sorry. は、It's better (to be) safe than sorry. を短くした言い方。「残念に思うよりも安全を取るほうがいい」、つまり「用心に越したことはない」という意味。

◀音声変化の解説▶
この表現では、better の [t] 音が弾音化する場合がある。

ダイアローグ 1

A I think I am going to ask the hotel to put my jewelry in their safe.
宝石を金庫にしまってもらうようにホテルに頼もうと思うの。

B I don't think anything would happen, but **better safe than sorry**.
なにも起こらないとは思うけど、用心に越したことはないよね。

ダイアローグ 2

A They say that part of New York City is pretty dangerous. I'm not going to go there.
ニューヨーク市のあのあたりはかなり危険だっていうわ。そこには行かないつもり。

B **Better safe than sorry.**
用心に越したことはないね。

A Yeah. I don't want to take any chances.
うん、危険は犯したくないもの。

ダイアローグ 3

A I just bought a very expensive painting. Do you think I should insure it?
すごく高価な絵画を買ったんだ。保険をかけておいたほうがいいと思うかい?

B **Better safe than sorry.**
用心に越したことはないわよ。

A I guess you're right. It is irreplaceable after all.
そうだよね。なんのかんの言っても、取り替えがきかないものだしね。

006 乾杯！

Bottoms up!

［バド［ロ］ムズ アップ］

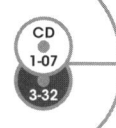

◀フレーズの解説▶
Bottoms up! は「（グラスの）底を上に向ける」が直訳で、「（ぐいっと）乾杯！」という意味。乾杯のときのかけ声には、ほかにも Cheers!「乾杯」や、Here's to ...「…に乾杯」などもある。

◀音声変化の解説▶
このフレーズでは、bottoms の［t］音の後ろに母音が連なっているので、ここで弾音化が起こり［バド［ロ］ムズ］と発話される。

ダイアローグ 1

A Did you buy this beer for me?
このビール、僕に買ってくれたの？

B Sure did. **Bottoms up!**
もちろんよ。乾杯！

A Here's to you.
君に乾杯。

ダイアローグ 2

A I don't think I can drink any more!
もう飲めそうにないよ。

B Don't be a sissy! **Bottoms up!**
女子みたいなこと言わないでよ！ 乾杯！

A I'm going to regret this in the morning.
朝になったら、これを後悔するんだよな。

ダイアローグ 3

A Thanks for coming out tonight. I didn't want to celebrate my birthday alone.
今日は来てくれてありがとう。誕生日をひとりで祝いたくなかったんだよね。

B Of course. Here's to a happy birthday!
もちろんよ。お誕生日おめでとう！

A **Bottoms up!**
乾杯！

００７ やってみなよ！；かかってこいよ！

Bring it on!
［ブリンギッド［ロ］ン］

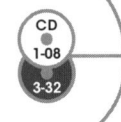

◀フレーズの解説▶
Bring it on. は直訳すると「どんどん持ってこいよ」となる。実際は、相手のチャレンジなどに対して、「やってみなよ」「かかってこいよ」と切り返すときの言い方。

◀音声変化の解説▶
このフレーズでは3語が連なって［ブリンギッド［ロ］ン］のように短く発音される。it on では弾音化が生じる。

ダイアローグ 1

A If you don't stop doing that you're going to be sorry!
それをやめないと後悔することになるわよ！

B **Bring it on!** You don't scare me.
やってみなよ！ 恐くなんかないし〜。

ダイアローグ 2

A There's no way you can beat me at tennis. I've been playing for years.
テニスで僕を負かすことは、君にはできやしないよ。何年もやってるんだから。

B Oh yeah!? **Bring it on!**
へえ、そう? かかってきなさいよ！

A Okay ... you asked for it!
よし…やってやろうじゃない！

ダイアローグ 3

A You don't stand a chance against me. I'm the best golfer around!
私を相手にしてチャンスなんかないわよ。このあたりじゃいちばんのゴルファーだからね。

B **Bring it on!** I've heard that before.
かかってきなよ！ それ、前にも聞いたセリフだな。

008 まあまあかな。

Can't complain.
［キャン＿コンプレイン］

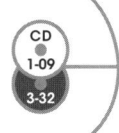

◀フレーズの解説▶
Can't complain. は直訳すると「文句は言えない」となるが、実際は「まあまあだね；悪くはないよ」といった気持ちを表すフレーズ。

◀音声変化の解説▶
can'tの［t］とcomplainの［k］音で破裂音が重なり、片方が脱落する。

ダイアローグ 1

A How is school going?
学校のほうはどう？

B **Can't complain.** I'm ready for the summer break though.
まあまあだよ。でも、もうすぐ夏休みなんだよね。

ダイアローグ 2

A Long time no see. How've you been?
久しぶり。どうしてたの？

B **Can't complain.** How 'bout you?
悪くはないよ。君のほうは？

A I'm good, thanks.
問題ないわよ。ありがとう。

ダイアローグ 3

A How's your new job going?
新しい仕事はどう？

B **Can't complain.** I just got a raise last month.
まあまあだよ。先月昇給したところ。

A That's great.
それはすごいわ。

009 来られる?

Can you make it?
[キャニュー メイキッ(ト)]

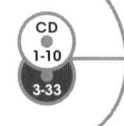

◀フレーズの解説▶
make it は「来る」「間に合う」「成功する」などいろいろな意味があるフレーズ。ここでは「来る」という意味で用いられている。I can't make it.「行けないんだ」と否定文で使っても OK。

◀音声変化の解説▶
このフレーズでは、make と it が連なって[メイキッ(ト)]と聞こえる。また、最後の[t]音は脱落したり弱まることが多い。

ダイアローグ 1

A We are planning on having a party at our house Friday evening. **Can you make it?**
金曜の夕方にうちでパーティーを予定してるんだけど、あなたは来られる?

B Sure. I'd love to.
もちろん、よろこんで。

ダイアローグ 2

A My first baseball game of the season is this Saturday. **Can you make it?**
僕の今シーズン最初の野球の試合がこの土曜にあるんだよ。来られる?

B Sorry. I have to work.
ごめんね。仕事があるのよ。

ダイアローグ 3

A I have two movie tickets to the ten o'clock show. **Can you make it?**
10時放映の映画のチケットが2枚あるんだ。来られるかい?

B I'll try.
がんばるわ。

010 いっしょにどう?

Care to join us?
［ケァドゥ［ル］— ジョイナス］

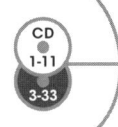

◀フレーズの解説▶
care to ... は「…したいと思う」という意味になるフレーズ。join us は「私たちに参加する；混じる」の意。ネイティヴが相手を誘う場面で、声をかけるときにとてもよく使うショート・フレーズ。

◀音声変化の解説▶
このフレーズは to の部分が弾音化して［ドゥ［ル］—］と音が跳ね、さらに join us が連なって［ジョイナス］と聴こえる場合がある。

ダイアローグ 1

A We're going to eat some ramen for lunch. **Care to join us?**
ランチにラーメンを食べに行くんだけど。いっしょにどう?

B I'd like to but I can't. I have too much work to do.
行きたいけど、ダメ。仕事が山ほどあるのよ。

ダイアローグ 2

A A few of us are thinking about going out for dinner and drinks after work. **Care to join us?**
仕事のあと僕たち何人かで食事とお酒に出かけようと思ってるんだ。いっしょにどう?

B I'll have to take a raincheck. I already have other plans. Thanks for asking though!
また今度にさせて。もう、ほかの予定があるの。でも、たずねてくれてありがとうね。

ダイアローグ 3

A My wife and I are going to the movies this weekend. **Care to join us?**
妻と僕とで今週末、映画に行くんだ。いっしょにどうかな?

B That sounds like a plan. What are you going to see?
すてきね。なにを観る予定なの?

A We're planning to see that new Tom Hanks movie.
トム・ハンクスのあの新しい映画だよ。

011 それじゃあ。；またね。

Catch you later.

［キャッチュ［チャ］ レイダ［ラ］ー］

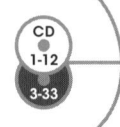

◀フレーズの解説▶
Catch you later. は「君をまた捕まえる；君にまた連絡する」が直訳。実際には、「また会いましょう；また今度；さようなら」という意味で、Bye. の代わりによく用いられるひとこと。

◀音声変化の解説▶
catch と you はつながって［キャッチュ／キャッチャ］のように発音。later は弾音化して［レイダ［ラ］ー］となる。

ダイアローグ 1

A It was nice seeing you again. Have a good one.
またあなたに会えてよかったわ。じゃあね。

B **Catch you later.** Be careful driving home.
また今度。家まで気をつけて運転してね。

ダイアローグ 2

A Aren't you coming to the office dinner party?
オフィスのディナー・パーティーには来るの？

B I can't. I have plans. I'll **catch you later.**
行けないんだ。予定があってさ。また連絡するよ。

ダイアローグ 3

A See you around, Sarah.
またね、サラ。

B **Catch you later** Joe. Say hi to your wife for me.
じゃあ、また、ジョー。奥さんによろしく伝えてよ。

012 見てよ！；すごい！

Check it out!

[チェッキッダ［ラ］ウ（ト）]

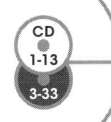

◀フレーズの解説▶
check out は「注目してみる」という意味になるフレーズ。Check it out! と命令文になると「見てよ!」と注意をひくときに使われる。また、「(見てよ!) すごいよ!；かっこいいよ!」と驚きを表す場面で用いることもできる。

◀音声変化の解説▶
check it out は 3 語が連なって発音されるが、it と out の連結部では弾音化が起こる。末尾の［t］音が脱落する場合も多い。

ダイアローグ 1

A Check it out!
見てよ!

B What's that?
なんなの?

A I got my picture taken with Brad Pitt in New York!!
ニューヨークでブラピといっしょに写真を撮ってもらったの!!

ダイアローグ 2

A Look at that. That's the new BMW convertible!
あれ見てよ。新しい BMW のコンバーチブルよ!

B Check it out!
すごい!

ダイアローグ 3

A Have you seen these pictures of Earth from the International Space Station? Pretty cool, huh?
国際宇宙ステーションで撮影したこの地球の写真は観た? かっこいいよね!

B Wow, check it out!
へえ、すごいわね!

013 どうぞ入って。

Come on in.

[カ[ク] モーニン]

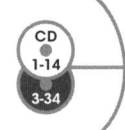

◀フレーズの解説▶
Come on in. は、Come in.「入って」に、強調の on がついた言い回しで、「どうぞ中に入ってちょうだい」と相手に伝えるときにネイティヴがよく使う言い方。

◀音声変化の解説▶
3語が連なって［カモーニン］とリエゾンが起こる場合がある。また、come の母音が脱落して、［クモーニン］という発音になる場合もある。

ダイアローグ 1

A Do you mind if I come in?
入ってもいいですか?

B Come on in.
どうぞ入って。

ダイアローグ 2

A (Knocking on office door.) Do you have a minute? I need to talk to you about something.
(オフィスのドアをノックしながら) ちょっと時間ありますか? 少し話があるんですが。

B Sure. Come on in.
どうぞ入って。

ダイアローグ 3

A I wanted to introduce myself. I'm your new neighbor. I just moved in to the house next door.
自己紹介をしたくて。私、あなたの新しいご近所になるんです。ちょうどお隣の家に越してきたんです。

B I'm Jane and this is my husband Rex. Come on in.
私、ジェーンです。こちらは夫のレックス。どうぞ入って。

0①④ かもね。

Could be.
［クッ＿ビー］

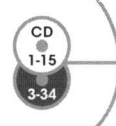

◀**フレーズの解説**▶
could be は「…であるかもしれない」が直訳。「かもね」「そうかもね」「あり得るかもね」と可能性に言及するときのネイティヴ・フレーズ。

◀**音声変化の解説**▶
could 末尾の［d］と be の頭の［b］で破裂音が連続し、［d］音が脱落してしまう。

ダイアローグ 1

Ⓐ Do you think it's really going to snow tonight? It's only October?
今夜はホントに雪になると思う？ まだ10月だよね？

Ⓑ Could be. That's what they're predicting, anyway.
かもね。とにかくそういう予報になっているんだからさ。

Ⓐ I can't remember the last time that happened.
そんなこと、これまでにはなかったよね。

ダイアローグ 2

Ⓐ Do you think there's really intelligent life on other planets?
ほんとうにほかの惑星に知的生命体がいると思う？

Ⓑ Could be. The universe is a big place. I don't believe any aliens have ever visited Earth though.
かもね。宇宙は広大だからね。でも、エイリアンが地球を訪れているとは思わないけど。

ダイアローグ 3

Ⓐ Jim says that Tiger Woods is the best golfer ever to play the game. What do you think?
ジムが言うには、タイガー・ウッズこそ、これまでで最高のゴルファーなんだって。どう思う？

Ⓑ Could be. It's hard to compare players from different generations though.
かもね。でも、別の世代のプレーヤーを比較するのは難しいよ。

015 最高だよ。

Couldn't be better.

[クドゥ[ん] ン_ ビ ベダ [ラ] 一]

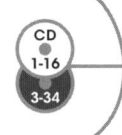

◀フレーズの解説▶
Couldn't be better. は「もっとよくなることはないだろう」が直訳で、要するに「最高だ」ということ。なにかの状態や調子などをたずねられたときの返答によく使われるひとこと。

◀音声変化の解説▶
couldn't の［t］音の脱落と、better の［t］音の弾音化が起こる。couldn't は［クんン_］のように声門閉鎖音化することもある。

ダイアローグ 1

A How are your kids doing?
お子さんたちはどうしてる?

B **Couldn't be better.** My youngest daughter just got engaged last weekend. Her fiance is a great guy.
最高よ。先週末、いちばん下の娘が婚約したばかりなの。彼女の婚約者はすばらしい人なの。

ダイアローグ 2

A How are things at work going?
仕事のほうはどう?

B **Couldn't be better.** Our business has doubled over the past two years.
最高だよ。この2年でビジネスが2倍に膨らんだんだ。

A That's great!
すばらしいね!

ダイアローグ 3

A How is college treating you?
大学はどう?

B **Couldn't be better.** So far I have straight A's in all of my classes. I'm really enjoying it too.
最高。いまのところ全部の授業でAを取ってるよ。それに大学をとても楽しんでるしね。

016 私も入れて!

Count me in!

[カウン_ミ イン]

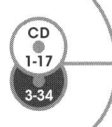

◀**フレーズの解説**▶
count someone in は「…を数に入れる」という意味。Count me in. では「私も数に数えて」＝「私も入れて；参加させて」という意味になる。

◀**音声変化の解説**▶
このフレーズでは、count 末尾の［t］音が脱落しやすい。me は短く弱く［ミ］のように発話される。

ダイアローグ 1

A Where are you guys going?
君たちどこに行くつもりなの?

B We're going to spend the day at the beach. Want to come along?
ビーチで一日過ごすつもりなの。いっしょに来る?

A **Count me in!**
混ぜて!

ダイアローグ 2

A We're looking for volunteers to help rebuild the school building that was damaged in the fire.
火事で損傷した学校の建物の再建を手伝うボランティアを探しているんです。

B **Count me in!**
僕も参加させて!

ダイアローグ 3

A A bunch of us are thinking about spending spring break in Cancun. Are you interested?
僕ら大勢でカンクンで春休みを過ごそうと思っているんだよ。興味ある?

B Sure! **Count me in!** I just renewed my passport.
もちろん! 私も入れて! ちょうどパスポートを更新したところなの。

017 やめておく。

Count me out.
［カウン＿ミ アウ(ト)］

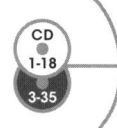

◀フレーズの解説▶
Count me in. とは逆に、「私は数に入れないで；遠慮しとくわ」と断るときのひとことがこの Count me out. というフレーズ。

◀音声変化の解説▶
Count me in. と同じく、count 末尾の［t］音が脱落しやすく、me も短く弱く［ミ］のように発話される。

ダイアローグ 1

A I'm having a party at my house this weekend for the Super Bowl. You're welcome to come.
スーパー・ボール観戦のパーティーを今週末に家でやるんだ！君も歓迎するよ。

B Ah, **count me out.** I have to go out of town on business.
ああ、私は遠慮するわ。仕事で出張なのよ。

ダイアローグ 2

A We need one more person to fill our foursome for golf this weekend. Are you interested?
今週末、2対2のゴルフでもうひとり必要なの。興味ある？

B Sorry. **Count me out.** My back is still bothering me.
ごめんね。僕は外して。まだ背中が痛むんだよ。

ダイアローグ 3

A You're still coming to the office Christmas party this Friday, right?
まだ今度の金曜の会社のクリスマス・パーティーには来るつもりだよね？

B Actually, you'll have to **count me out.** Something came up and I'm not going to be able to make it.
実は、僕は外してもらわなきゃならないんだ。用事ができちゃって、行けないんだよ。

⓪❶❽ やめて!

Cut it out!

[カッディ [リ] ッダ [ラ] ウ (ト)]

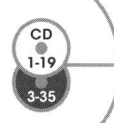

◀フレーズの解説▶
cut out は「切り取る」ではなく「(言動などを) やめる」という意味。Cut it out. は相手のやっていることややろうとしていることを制して「やめなさいよ」「やめてよ」といった意味合いで用いられるネイティヴ・フレーズ。

◀音声変化の解説▶
3語すべてが連結して、連結部2カ所で弾音化が起こるため [カッディ [リ] ッダ [ラ] ウ (ト)] という発音になる。

ダイアローグ 1

A Did you just text me while you were driving over here?
こっちに運転してくる途中でショート・メールを打ったの?

B Yeah, but it was just a short reply.
うん、ただの短い返事だから。

A **Cut it out.** It's not only illegal, it's extremely dangerous.
やめなさいよ。法律違反などだけじゃなくて、ものすごく危険なのよ。

ダイアローグ 2

A Why do you keep changing the channel on the TV!?
どうしてテレビのチャンネルを変えてばかりいるのよ?

B I'm watching two football games at the same time.
同時にふたつのアメフトの試合を観てるのさ。

A Well **cut it out!** It's driving me crazy.
もう、やめてよ! おかしくなりそうだわ。

ダイアローグ 3

A You better **cut it out** ...
それはやめておいたほうが身のためよ…

B What?!
なにを?

A If the boss sees you surfing the web he'll flip his lid. Jim got fired for that last week you know.
ネット・サーフィンしてるのをボスが見たら、カンカンに怒るわよ。ジムがそれで先週クビになったのはわかってるよね?

019 もちろん。

Definitely.
［ディファニッ＿リー］

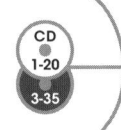

◀フレーズの解説▶
Definitely. は「絶対に」という意味から転じて、「もちろん」「当然」と相手の言葉に強く返答をする場面で用いられるひとこと。

◀音声変化の解説▶
［tl］が連続しているところで、［t］音が弱まったり脱落したりする傾向にある。

ダイアローグ 1

A Do you believe in life after death?
死後の世界を信じているの？

B **Definitely.** I'm not religious, but I certainly believe people's spirit lives on.
もちろん。信心深いわけじゃないけど、人間の魂は生き続けると確信してるんだ。

ダイアローグ 2

A Do you think it's really going to snow tonight?
今夜、ほんとうに雪になると思う？

B **Definitely.** I could see the snow clouds building up when I was driving home from work.
もちろん。会社から車で戻るときに、雪雲が湧いてくるのが見えたからね。

ダイアローグ 3

A Do you think the negotiations went well?
交渉はうまくいったと思う？

B **Definitely.** I think they are going to sign the contract in a day or two.
当然。先方は、数日で契約書にサインすると思うよ。

020 聞かないでよ。

Don't ask.
[ドウナスク]

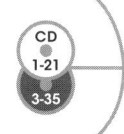

◀**フレーズの解説**▶
Don't ask. は「たずねないで；質問しないで」が直訳。聞かれたくないことを、相手に質問されたときに使う「聞かないでよ」というニュアンスのひとこと。

◀**音声変化の解説**▶
don't の [t] が脱落して ask と連結し、[ドウナスク] という発音になる場合がある。

ダイアローグ 1

A How did you meeting go?
打ち合わせはどうだった?

B Don't ask. 聞かないでくれよ。

A You didn't get the promotion?
昇進できなかったの?

B No. They gave it to someone three years my junior. Can you believe that?!
ダメだった。僕より3つ下の人間が昇進したんだ。信じられる?

ダイアローグ 2

A I saw you and Jim arguing a minute ago. What was that about?
さっきあなたとジムが口論してるのを見たけど。どうしたの?

B Don't ask. 聞かないで。

ダイアローグ 3

A How's business been?
仕事はどう?

B Don't ask. 聞かないでよ。

A That bad, huh?
そんなに悪いの?

B We haven't turned a profit in weeks. I've never seen it this bad.
数週間、利益が出てないんだ。こんなに悪いのは、はじめてだよ。

021 それはないよ。

Don't bet on it.

[ドン＿ベッド [ロ] ニッ(ト)]

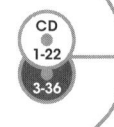

◀ フレーズの解説 ▶
Don't bet on it. は直訳すると「それには賭けるな」となる。「(そうならない確率が高いから) 賭けてはいけない」、つまり「当てにならない；それはない」ということ。

◀ 音声変化の解説 ▶
don't の [t] の脱落が生じるほか、bet on it が連結して [t] の弾音化が起こる。末尾の [t] 音も脱落する場合がある。

ダイアローグ 1

A I've heard rumors that our bonuses are going up this year.
今年はボーナスが上がるってうわさで聞いたけど。

B Don't bet on it.
当てにならないよ。

ダイアローグ 2

A The project manager says the construction will be completed two weeks ahead of schedule.
建設は2週間前倒しで終わるって、プロジェクト・マネージャーが言ってるわよ。

B Don't bet on it. Something always happens at the last minute.
それはないよ。いつだって、最後の最後になにか起こるからね。

ダイアローグ 3

A The boss says he's going to hire two new people for our department, since we're so overworked.
私たちがすごくオーバーワークだから、うちの部に新人をふたり雇うつもりだって、ボスが言ってるわよ。

B Don't bet on it. He said the same thing to me almost six months ago.
当てにならないよ。ほぼ6カ月前に、同じことを、僕も彼から聞いたからね。

022 邪魔しないでよ。

Don't bother me.

［ドン＿バザー ミー］

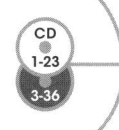

◀フレーズの解説▶
Don't bother me. は、邪魔をしている相手に、「邪魔をしないで；うるさくしないで；放っておいて」と文句を言うひとこと。bother は「悩ます；困らせる」。

◀音声変化の解説▶
don't botherで、破裂音［t］［b］が連続するため、don'tの［t］音が脱落して［ドン＿］と発音される。

ダイアローグ 1

A Hey John! Check out this new phone I bought!
ねえ、ジョン！私が買ったこの新しい電話を見てよ！

B **Don't bother me.** I'm trying to study for my final exam.
邪魔しないでよ。期末試験の勉強をやろうとしてるんだからさ。

ダイアローグ 2

A Hey Joe can you ...
ねえ、ジョー、やってもらえないかな…

B **Don't bother me.** Can't you see I'm working here!? I have to finish this in the next thirty minutes or I'm in big trouble.
うるさいなあ。ここで仕事をしてるのがわからないかな？あと30分でこれを終わらせないとヤバいことになるんだよ。

ダイアローグ 3

A Want to go outside and play some basketball?
外でちょっとバスケしたくない？

B **Don't bother me.** I'm busy right now.
邪魔しないで。いまは忙しいのよ。

023 誤解しないで（聞いて）ね。

Don't get me wrong.

[ドン＿ゲッ＿ミ ロング]

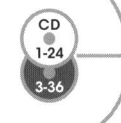

◀フレーズの解説▶
Don't get me wrong. は、重要なことを切り出す前置きとして「誤解しないで聞いてね」という意味でよく使うひとこと。get someone wrong は「…の言葉を誤解する」という意味。

◀音声変化の解説▶
don't と get の両方から末尾の［t］音が脱落しやすい。

ダイアローグ 1

A Are you really going to promote Susan to office manager?
ホントにスーザンをオフィス・マネージャーに昇進させるの?

B You have a problem with that? なにか問題があるの?

A **Don't get me wrong.** She's a hard worker. I'm just not sure she has the skill set for that type of position.
誤解しないで聞いてね。彼女は仕事熱心だよ。ただ、彼女がその手の仕事のスキルをもっているかどうかわからないのよ。

ダイアローグ 2

A Are you sure you're ready to propose marriage to Julie? **Don't get me wrong,** she's a nice girl, but you've only been dating for two months.
ほんとうにジュリーに結婚を申し込む心構えができてるの? 誤解しないでほしいの。彼女はいい人だけど、あなたたち、まだ2カ月しかつき合ってないのよ。

B She's the one for me. I can feel it.
彼女は僕の運命の人なんだ。わかるんだよ。

ダイアローグ 3

A I think you're crazy for buying that house. **Don't get me wrong** ...it's a nice house but don't you think you should have sold your current house first?
あの家を買うなんてどうかしてると思うわ。誤解しないで…いい家だとは思うけど、まずはいまの家を売るべきだったと思わないの?

B I couldn't wait. I got it for a steal.
待てなかったんだ。ものすごく安かったんだよ。

024 期待をしすぎないでね。

Don't get your hopes up.

[ドン_ゲッチュア ホウプス アップ]

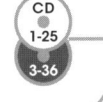

CD 1-25
3-36

◀ フレーズの解説 ▶

get one's hopes up は、「期待を高くもつ」。Don't get your hopes up. では「期待しすぎないでね；あまり期待はしないでね」という意味になる。

◀ 音声変化の解説 ▶

don't の [t] が脱落するほか、get の [t] 音と your の頭の [j] 音が混じって [ゲッチュア] という発音になる。

ダイアローグ 1

A The Raiders are undefeated so far this season. I think they're going to go all the way.

今シーズンこれまでは、レイダースは負け知らずだね。優勝すると思うよ。

B **Don't get your hopes up.** The season's not even halfway over yet.

期待しすぎるなよ。まだシーズンは半分も終わってないんだから。

ダイアローグ 2

A The doctors say the surgery went well. Do you think Steve can make a full recovery?

医者は手術がうまくいったと言ってるわ。スティーヴは全快すると思う？

B **Don't get your hopes up.** Let's just take it day by day and see how it goes.

期待はしすぎないようにしよう。起こることを受け入れながら、様子を見ていこうよ。

ダイアローグ 3

A Julie and Todd are talking again. Do you think they're going to get back together?

ジュリーとトッドはまた話をしているね。ふたりは、よりを戻すと思う？

B **Don't get your hopes up.** That was a very ugly divorce. But, you never know.

そんなに期待はしないほうがいいよ。ひどい離婚だったんだから。でも、わからないけどね。

025 言い訳はいいから。;ウソ言わないで。;もうたくさん。;聞きたくない。

Don't give me that.

[ドン＿ギ（ヴ）ミー ザッ（ト）]

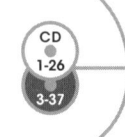

◀フレーズの解説▶
Don't give me that. は直訳すると「それを私にくれないでくれ」となるが、実際は相手の言い訳などを聞きたくないときに「もうたくさん；聞きたくない；言い訳はいいから；ウソはつかないでくれ」といったニュアンスで使われる。

◀音声変化の解説▶
don't の [t] 音の脱落が起こるが、give の [v] 音や that の [t] 音も弱まったり脱落することがある。

ダイアローグ 1

A I can't believe you asked me out to dinner last night and stood me up. I waited at the restaurant for almost an hour!
昨夜はディナーに誘っておいて待ちぼうけを食わせるなんて、信じられないわ。ほぼ1時間もレストランで待ってたのよ!

B I'm sorry. I tried to call but my phone died.
ごめんよ。電話しようとしたんだけど、携帯が死んじゃってて。

A **Don't give me that.** そんなウソ、言わないでよ。

ダイアローグ 2

A Why aren't those reports done yet? They were due yesterday!
どうしてまだ報告書ができてないんだ? 昨日が締め切りだっただろう!

B I've been trying, but my computer has been acting up.
がんばってるんですが、コンピューターの調子が悪くて。

A **Don't give me that.** You could have used any of the other computers in the office.
言い訳はいい。オフィスのほかのコンピューターが使えたはずだろう。

ダイアローグ 3

A Why are you late for work again today? どうしてまた今日も遅刻なの?

B Well ... there was an accident that tied up traffic.
えー…事故で渋滞が起きていたんです。

A **Don't give me that.** Jim takes the same route to the office that you do and he was here on time.
ウソを言わないで。ジムもあなたと同じルートを使ってて、時間どおりに来ていたわよ。

026 よくわかってる。

Don't I know it.
[ドン_アイ [ドナイ] ノウ イッ(ト)]

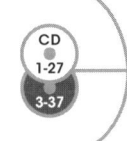

◀**フレーズの解説**▶
Don't I know it. は「私がそれを知らないとでも?」が直訳。「(知らないなんてことはなく) よくわかっていますよ」という意味で使われるひとこと。皮肉は含まれず、素直に「わかってるよ」と相手の言葉を受け取るニュアンスで使われる。

◀**音声変化の解説**▶
don't の [t] 音が脱落するだけの場合と、さらに次のIと連結する場合がある。

ダイアローグ 1

A You should really stop smoking. All you do is cough all the time.
ホントにタバコはやめるべきよ。ずっと咳ばかりしてるじゃないの。

B **Don't I know it.** I've been trying to quit for almost a year now.
わかってるよ。もう1年もやめようとしてるんだよ。

ダイアローグ 2

A I can't believe the Tigers beat the Giants last night! The Giants played horrible!
昨夜、ジャイアンツがタイガースに負けたのが信じられないわ。ジャイアンツのプレーはひどかったよね。

B **Don't I know it.** I had $100 riding on that game.
そうなんだよ。あの試合に100ドル賭けてたんだから。

ダイアローグ 3

A You look really tired. They should pay you more for all the work you do.
すごく疲れてそうだね。あなたの仕事量だともっとお給料をもらわないとね。

B **Don't I know it.** I put in sixty-five hours last week.
それはわかってるよ。先週は65時間、仕事をしたからね。

027 あまり悩まないで。；忘れちゃいなさいよ。；気にしちゃダメだよ。

Don't let it bother you.

[ドン＿レディ［リ］ッ（ト）バザ ユ]

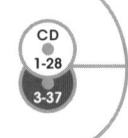

◀フレーズの解説▶
Don't let it bother you. は「そのことであなたを悩ませるな」が直訳。なにかで悩んでいる相手に「そんなに悩むなよ；忘れちゃいなさい」とアドバイスするひとこと。

◀音声変化の解説▶
don't の［t］音の脱落と、let it の連結部での弾音化が起こるため［ドン＿レディ［リ］ッ（ト）］のように発音される。it の［t］音も脱落しやすい。

ダイアローグ 1

A I'm so bummed out that we lost the game.
試合に負けたこと、すごくがっかりしてるの。

B **Don't let it bother you.** You did the best you could, right?
あまり悩むなよ。できるだけのことはやったんだろう？

A Still … we should have played better.
でも…もっとうまくできたはずなのよ。

ダイアローグ 2

A I can't stand some of the people I work with. All they do is gossip gossip gossip.
職場の人間で我慢できない人たちがいるの。うわさ話ばっかりしてるのよね。

B **Don't let it bother you.** Just focus on your job.
気にしないで、仕事に集中しなよ。

ダイアローグ 3

A Why are you crying?
どうして泣いてるんだい？

B My classmates were teasing me today. They called me a nerd!
今日、クラスメートにからかわれたの。私のことオタクって言ったのよ!

A **Don't let it bother you.** They're just jealous because they aren't as smart as you are.
気にするなよ。みんな君ほど頭がよくないから嫉妬してるだけさ。

028 気を落とさないで。

Don't let it get you down.

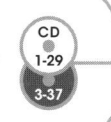

[ドン＿レディ [リ] ッ (ト) ゲッチュー ダウン]

◀フレーズの解説▶

get someone down は「…を気落ちさせる」という意味のフレーズ。Don't let it get you down. は「そんなことで落胆しないで」と声をかけてあげるときのひとこと。

◀音声変化の解説▶

don't の [t] 音の脱落と、let it の連結部での弾音化が起こるため [ドン＿レディ [リ] ッ (ト)] のように発音される。it の [t] 音も脱落しやすい。また、get you は [t] ＋ [j] 音が混じり合い [ゲッチュー] と発音される。

ダイアローグ 1

A You look upset. What's wrong? なんだか様子がおかしいね。どうしたの？

B Jim broke up with me today. He said he's not ready for a serious relationship.
ジムが今日、私を振ったのよ。まだ真剣な交際は考えられないって。

A **Don't let it get you down.** There are plenty of fish in the sea.
気を落とさないで。男はたくさんいるんだから。

ダイアローグ 2

A I just got a letter from Harvard. They turned down my application.
いまハーバードから手紙を受け取ったよ。入学を却下されたよ。

B That's a shame. **Don't let it get you down** though. Your going to find a great school. I know it.
残念だったね。でも、気を落とさないで。あなたにはきっといい学校が見つかるわよ。

ダイアローグ 3

A You look bummed out. What happened?
落ち込んでるみたいね。どうしたの？

B I had a presentation at school today. I was really nervous and did horribly.
今日、学校でプレゼンをしたんだ。すごく緊張していて大失敗だったんだ。

A **Don't let it get you down.** I'm sure you'll do better next time.
気を落とさないで。今度はきっとうまくできるよ。

❶❷❾ しっかりやってくれよ。；がっかりさせないでね。

Don't let me down.
[ドン＿レッ＿ミー ダウン]

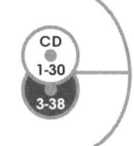

◀フレーズの解説▶
let someone down は「…を失望させる」という意味のフレーズ。Don't let me down. は、「しっかりやってくれ」「（君に任せたことを）後悔させないでくれ」「がっかりさせないでくれ」といった意味合いで使われるひとこと。

◀音声変化の解説▶
don't と let の両方から［t］音が脱落しやすい。

ダイアローグ 1

A You're going to help me move this weekend, right?
今週末、引っ越しを手伝ってくれるのよね？

B I already told you I would.
前にやるって言ったよね。

A **Don't let me down.** I can't do it all by myself.
がっかりさせないでよ。私ひとりじゃ全部はできないんだから。

ダイアローグ 2

A Thank you for investing in our company. I'm sure you're not going to regret it.
弊社に投資していただきありがとうございます。あなたに後悔はさせません。

B **Don't let me down.** I'm giving you my life savings.
しっかりやってくださいよ。僕の老後の蓄えなんですから。

ダイアローグ 3

A Coach ... I really appreciate you giving me the chance to start the game.
コーチ…スターターとしてチャンスをくださって、ほんとうに感謝しています。

B I'm doing it because I have faith in you. **Don't let me down.**
君を信頼しているからそうしたんだ。しっかりやってくれよ。

030 僕を見ないでよ！；僕を疑わないでよ！

Don't look at me!

[ドン＿ルッカッ＿ミー]

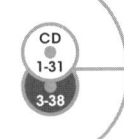

CD 1-31
3-38

◀フレーズの解説▶
Don't look at me. は、直訳すると「私を見ないでくれ」となる。実際は、自分を疑いの目で見ている相手に「私のせいじゃないよ」と反発するときのひとこと。

◀音声変化の解説▶
don't の [t] 音の脱落や look at の連結に加えて、at の [t] 音も脱落しやすい。

ダイアローグ 1

A Who stole my phone?! It was right here on my desk!
私の電話を盗ったのはだれ? 私のこの机の上にあったのよ!

B Don't look at me!
僕を見ないでくれよ!

ダイアローグ 2

A When I came into the office this morning the security system was off. Which one of you left without setting it last night?!
今朝オフィスに来たとき、セキュリティー・システムがオフになっていた。昨夜セットせずに出たのは、君たちのどっちなんだ?

B Don't look at me. I left before you did!
私じゃないですよ。私のほうがあなたより先に出ましたから!

ダイアローグ 3

A Alright ... which one of you kids broke my window with this baseball?
さあ…あなたたちのどっちがこの野球ボールでうちの窓を割ったの?

B Don't look at me. I just got here.
僕じゃないよ。ここに来たばかりなんだから。

031 大丈夫だよ。；どういたしまして。

Don't mention it.

[ドン＿メンショニッ(ト)]

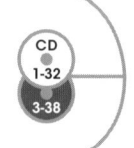

◀**フレーズの解説**▶
Don't mention it. は直訳すると「それに言及しないでよ」となる。実際には、相手のお礼の言葉に対して「お礼を言うほどのことじゃないですよ；大丈夫です」「たいしたことじゃありませんから」といったニュアンスで返答をするときのひとこと。

◀**音声変化の解説**▶
don't の [t] 音の脱落のほか、mention と it が連結し［メンショニッ(ト)］のように発音される。末尾の [t] 音が脱落することもある。

ダイアローグ 1

A Thanks for all your help studying last night. I think I did really well on the exam.
昨夜は勉強を手伝ってくれてホントにありがとう。試験はとてもうまくいったと思うよ。

B **Don't mention it.** I'm glad I could be of help.
どういたしまして。役に立ててうれしいわ。

ダイアローグ 2

A I really appreciate you loaning me this money.
このお金を貸してくれること、ほんとうに感謝してるよ。

B **Don't mention it.**
大丈夫よ。

A I'll pay you back just as soon as I can. I promise.
できるだけ早く返すから。約束するよ。

ダイアローグ 3

A You don't know how grateful I am that you could pick up the kids from school for me yesterday.
昨日は子どもたちを学校に迎えにいってくれて、ほんとうに感謝してるの。

B **Don't mention it.** I know you'd do the same for me.
たいしたことじゃないよ。僕に対しても君は同じことをしてくれるだろうしね。

032 八つ当たりしないでよ。

Don't take it out on me.

[ドン＿テイキッダ [ラ] ウド [ロ] ン ミ]

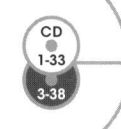

◀**フレーズの解説**▶

take out A on B は「A（怒りなど）を B にぶつける」という意味。Don't take it out on me. では「私に八つ当たりしないでよ」という意味になる。

◀**音声変化の解説**▶

ここでも don't の [t] 音が脱落するほか、take it out on の4語が連結し、[テイキッダ [ラ] ウド [ロ] ン] と発音される。

ダイアローグ 1

A Why are you so grumpy today?!
どうして今日はそんなに不機嫌なの？

B I'm just stressed out at work. The boss has been driving me crazy.
仕事でストレスだらけなんだ。上司がほんとうにムカつくんだよ。

A Well **don't take it out on me**! そのことで、私に八つ当たりしないでよね！

ダイアローグ 2

A Why are you yelling?
どうして怒鳴ってるの？

B I'm fed up with the people in the office not doing what I tell them to do!
オフィスの奴らが僕が言ったことをやらないからもう飽き飽きしてるんだ！

A **Don't take it out on me**! 私に八つ当たりしないでよね！

ダイアローグ 3

A Why are you so irritable today?
どうして今日はそんなにイライラしてるの？

B Ahh ... my fiance and I got into this huge fight this morning ... I'm so mad at him!
あのさ…今朝フィアンセとものすごいケンカになっちゃって…彼のことで頭にきてるの。

A Well **don't take it out on me**! I'm on your side, remember!?
僕には八つ当たりしないでね！君の味方なんだからね、わかる？

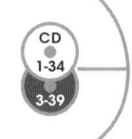

033 ダメ。；とんでもない。

Forget it.
［フォーゲッディ［リ］ッ（ト）］

◀フレーズの解説▶
Forget it. は「忘れなさい」が直訳だが、実際は、「いやなこった；とんでもない；ダメだ」と相手の依頼を拒否するひとこと。相手の謝罪に対して「もうすんだことだから忘れて」と返事をする場面でも用いられる。

◀音声変化の解説▶
forget it の連結部では［t］音が弾音化するため、［フォーゲッディ［リ］ッ（ト）］という発音になる。末尾の［t］音も脱落する場合がある。

ダイアローグ 1

A I want one of those new flat screen TVs. Can we get one?
新型の薄型テレビがひとつ欲しいのよね。買ってもいいかしら？

B **Forget it.** We don't have the money for that.
ダメ。そんなお金はないよ。

ダイアローグ 2

A Just loan me another $50. I'm sure I can pick the winning horse this time!
あと 50 ドル貸してよ。今度こそは、必ず勝ち馬を当てられるんだよ！

B **Forget it!** You already blew $200 of my money!
ダメ！すでに私のお金を 200 ドルもすってるんだからね。

ダイアローグ 3

A Can I borrow your car this Saturday?
この土曜日に自動車を借りてもいい？

B **Forget it!** The last time I lent it to you it was a filthy mess when you gave it back.
ダメよ！この前貸したときには、さんざん汚して返してきたじゃないの。

034 あとで知らせてください。

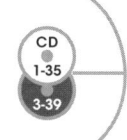

Get back to me.
［ゲッ__バッ__トゥ ミ］

◀フレーズの解説▶
Get back to me. は、直訳では「私に戻ってきてくれ」となるが、実際は、「あとで連絡をください」という意味でネイティヴがよく使うひとこと。

◀音声変化の解説▶
get back, back to のそれぞれの連結部に破裂音の連続があるため、片方の破裂音が脱落する傾向が強い。そのため、get の［t］や back の［k］音の脱落が生じる。

ダイアローグ 1

A I didn't see your name on the list of attendees for the conference.
カンファレンスの出席者リストに君の名前が見つからなかったんだけど。

B I'm not sure if I can go yet or not.
まだ行けるかどうかはっきりしないの。

A **Get back to me.** I need to make the travel arrangements tomorrow afternoon.
あとで連絡してよ。明日の午後には旅行の手配をしないといけないから。

ダイアローグ 2

A Did you look over the details of my proposal?
提案書の細かなところに目を通してもらえましたか？

B I haven't had time. **Get back to me** next week and I'll tell you what I think.
時間が取れてないんだ。来週、連絡してよ。そしたら感想を伝えるから。

A You got it.
わかりました。

ダイアローグ 3

A I called you yesterday. Why didn't you **get back to me**?
昨日、電話したんだけど。どうして折り返してくれなかったの？

B Sorry about that. I was in meetings all afternoon. What's up?
悪かったわ。午後ずっと打ち合わせに入ってたのよ。どうしたの？

035 連絡してください。

Get in touch with me.

［ゲッディ［リ］ン タッチ ウィ（ズ）ミ］

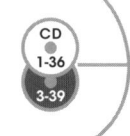

◀フレーズの解説▶
touch には「接触」という意味があり、get in touch with ... では「…と連絡を取る」という意味になる。類似表現には、Touch base with me.「連絡を入れてください」という言い方もある。

◀音声変化の解説▶
get in の連結部で［t］音が弾音化するため、［ゲッディ［リ］ン］と発音が変化する。with me はどちらも弱まって［ウィズミ］あるいは［ウィ__ミ］のように発音されやすい。

ダイアローグ 1

A Are you still looking for people to transfer to the new office in China?
まだ中国の新しいオフィスに異動させる人を探しているんですか？

B Are you interested? **Get in touch with me** on Monday and we'll discuss it.
興味があるの？ 月曜に連絡をください。それで、話をしましょう。

ダイアローグ 2

A Have you made any decisions yet regarding my proposal?
私の提案に関して、もう結論は出されましたか？

B **Get in touch with me** next week.
来週、連絡してください。

ダイアローグ 3

A What time is your meeting with the customer?
君の、顧客とのミーティングは何時だったっけ？

B Three o'clock.
3時ですよ。

A **Get it touch with me** after it's over and let me know how it went.
終わったら僕に連絡して、どうなったか教えてくださいね。

036 急いで続けて。；とっととやって。

Get on with it.
[ゲッド [ロ] ン ウィズィッ (ト)]

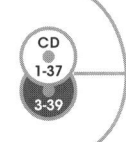

CD 1-37
3-39

◀フレーズの解説▶
get on with ... は「(中断している作業などを) 続ける」という意味。Get on with it. は「とっとと続けてやって」「早くその作業を続けて」と相手にひと声かけるひとこと。

◀音声変化の解説▶
get on の連結部では弾音化が起こり、[ゲッド [ロ] ン] という発音になる。また with it は連結して [ウィズィッ (ト)] と発音。末尾の [t] 音も脱落しやすい。

ダイアローグ 1

A Have you finished that translation yet?
もう翻訳は終わった？

B Not yet. I should be done in an hour or so.
まだなんです。1時間かそのくらいで終わるはずですが。

A Get on with it.
急いでやって。

ダイアローグ 2

A Why don't I have the latest sales figures yet?!
どうしてまだ最新の売上額が、僕に届いてないんだ？

B I'm getting ready to compile the report now.
いま報告書の編集をする準備ができるところです。

A Well, get on with it. I have a managers' meeting in an hour.
そうか、とっととやってくれ。1時間でマネージャー・ミーティングが始まるんだからね。

ダイアローグ 3

A How's that code for our new phone app coming along?
うちの新しいアプリ用のプログラムはどうなってるの？

B I'm still debugging it.
まだデバッグの最中なんです。

A Well, get on with it. It's scheduled to be released next Monday.
そうか、急いで続きをやって。今度の月曜には発売予定だからね。

037 またまた〜！

Get out!

[ゲッダ [ラ] ウ (ト)]

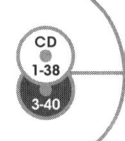

◀**フレーズの解説**▶
Get out! は「出ていけ」が直訳。実際は、相手の言葉が信じられない場面で「またまた〜」「うそでしょ!」「まさか!」といった意味合いで用いられるネイティヴ・フレーズ。

◀**音声変化の解説**▶
get と out の連結部で弾音化が起こり、[ゲッダ [ラ] ウ (ト)]のように発音される。

ダイアローグ 1

A I heard the company president was asked to resign at the board meeting.
社長が取締役会で退職勧告を受けたんだって。

B **Get out!** He's the founder of the company. There's no way they would do that!
またまた〜！ 彼は会社の創業者だよ。そんなことされるはずがないよ！

ダイアローグ 2

A I'm thinking about moving to China to teach English next year.
来年、英語を教えるために中国に移住することを考えてるの。

B **Get out!** You don't even like Chinese food! How are you going to live there?!
うそでしょ！君は中華料理だって好きじゃないでしょ！どうやってあっちで暮らすのさ？

ダイアローグ 3

A You know how Mary just quit suddenly last week?
メアリーが先週、急に辞めたことは知ってるんだよね？

B Yeah, but I don't know why.
うん。でも理由わからないわ。

A Word is she won 120 million in the lottery.
うわさでは宝くじで1億2千万当てたんだってよ。

B **Get out!**
まさか〜！

038 まさか！

Get out of here.

[ゲッダ［ラ］ウダ［ラ］＿ヒァ]

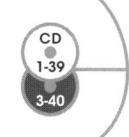

◀ フレーズの解説 ▶

get out of here! は直訳すると「ここから出て行け」となるが、実際には「ウソだろ！」「まさか！」「冗談だろ！」と相手の発言に疑いを示すときに用いられるネイティヴ・フレーズ。Unit 037 も参照。

◀ 音声変化の解説 ▶

get out of の3語が連結し、連結部で［t］音が弾音化する。また、of の［v］音も脱落する傾向がある。

ダイアローグ 1

A Did you hear the news about Tim and Terri?
ティムとテリのニュースは聞いた?

B What's that?
なんなの?

A They got married yesterday!
昨日、結婚したのよ!

B Get out of here!
まさか!

ダイアローグ 2

A I saw on the news this morning that Tokyo could get five inches of snow tonight!
今朝のニュースで見たんだけど、今夜、東京は5インチの雪になるかもしれないって。

B Get out of here! It's almost 10 degress outside!
まさか! 外はほぼ10度あるんだよ!

ダイアローグ 3

A I heard that Pana is coming out with a high definition 3D TV for less than $100.
パナが100ドルもしない高品位3Dテレビを発売予定だって聞いたよ。

B Get out of here! There's no way they can make it that cheaply!
まさか! そんなに安く作れるはずはないでしょ!

❶❸❾ どいて！；通して！

Get out of my way!

[ゲッダ［ラ］ ウダ［ラ］ ＿ マイ ウェイ]

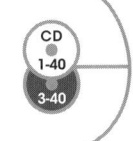

◀ **フレーズの解説** ▶
直訳は「私の通り道から外に出ろ」。物を運んだり、急いでいるときに「どいて！；通して！」といった意味で使われるひとこと。

◀ **音声変化の解説** ▶
get out of の3語が連なり、連結部で弾音化が起こるため［ゲッダ［ラ］ ウダ［ラ］（ヴ）］という発音になる。of 末尾の［v］音も脱落する。文字にするときには、ネイティヴは発音どおりに Get outta my way. と綴ることが多い。

ダイアローグ 1

A **Get out of my way!**
どいて！

B Sorry. I didn't mean to be in the way.
ごめん。邪魔する気はなかったんだよ。

ダイアローグ 2

A Can I help you with that?
それ手伝おうか？

B No, just **get out of my way**!
ダメだ、どいてくれ！

A Okay okay. You don't have to yell at me!
わかったわ。怒鳴らなくてもいいじゃない。

ダイアローグ 3

A **Get out of my way!** This is really heavy!
どいて！これ超、重いんだよ！

B It comes apart you know. That makes it easier to move.
それは分解できるのよ。そのほうが運びやすいわよ。

A That's too much trouble.
そんなの面倒だよ。

040 現実を見なさいよ。；しっかりしてよ。

Get real.

[ゲッ_リアル]

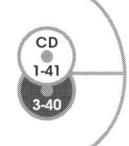

◀**フレーズの解説**▶
Get real. は直訳すると「現実的になりなさい」となる。現実を直視せず夢のようなことを言っている相手に向かって、「しっかり現実を見て」「ちゃんとして」と言い返すフレーズ。

◀**音声変化の解説**▶
このフレーズでは、get の [t] 音が脱落しやすい。

ダイアローグ 1

A I think the economy is starting to turn around.
経済は回復し始めると思うわ。

B **Get real.** The unemployment rate is still above 9%. Until that changes, things won't get better.
現実を見なよ。失業率はまだ9%を超えてるんだよ。それが変わるまでは、よくはならないよ。

ダイアローグ 2

A Why did you drop out of college?
どうして大学を辞めちゃったのよ?

B I've decided to move to Hollywood and become an actor.
ハリウッドに移住して俳優になるって決めたんだ。

A **Get real.** You don't know the first thing about acting!
夢見てるんじゃないわよ。あなたは演技の初歩だって知らないじゃないの!

ダイアローグ 3

A My new invention is going to make me rich!
僕は新しい発明でリッチになるんだ!

B **Get real!** That's what you said about your automatic egg peeler.
しっかりしてよ。それって、自動卵剥き器のことでも、あなたが言ってたことだよね。

041 聞いてよ！

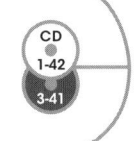

Get this!
［ゲッ＿ズィス］

CD
1-42
3-41

◀**フレーズの解説**▶
Get this! は直訳すると「これを受け取って」となる。this は実際は、これから自分が話そうとしていることで、Get this! では「(この話) 聞いてよ！」という意味合いになる。

◀**音声変化の解説**▶
get から［t］音が脱落し、［ゲッ＿ズィス］という発音がなされる。

ダイアローグ 1

A Get this! The airlines are going to start charging for all luggage, even carry-ons!

聞いてよ！航空会社が荷物全部にお金を取り始めるのよ、手荷物までも！

B That figures. Next thing you know they're going to charge people by how much they weigh.

そんなことだろうね。次は人間の重量でお金を取るだろうね。

ダイアローグ 2

A How did your interview go?

面接はどうだったの？

B Get this. Not only did they hire me on the spot ... they offered me a management position!

聞いて！その場で雇ってくれただけじゃなくて、マネジメントの役職をくれたのよ。

ダイアローグ 3

A Did you see the office memo outlining the new company policy on personal cell phones?

個人の携帯電話に関する新しい会社の方針を要約した社内回覧を見たかい？

B Yeah. And **get this**. I heard they are thinking about banning them altogether!

ええ。で、聞いてよ。完全に禁止することを考えてるって聞いたわ。

042 要点に入ってよ。

Get to the point.
[ゲッ_トゥー ザ ポイン（ト）]

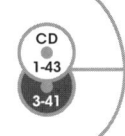

◀フレーズの解説▶
point は「話の要点；ポイント」のこと。Get to the point. では「話の要点に入って」「（早く）要点を言って；本題に入って」といった意味になる。

◀音声変化の解説▶
get to の部分で［t］音がダブるため、片方が脱落し、［ゲッ_トゥー］という発音になる。point 末尾の［t］音も脱落しやすい。

ダイアローグ 1

A What I mean is ... Well ... Um ...
言いたいのはさ…え〜と…う〜ん…

B **Get to the point!** I don't have all day.
要点を言ってよ。一日中、暇なわけじゃないのよ。

ダイアローグ 2

A I don't know how to say this ... I mean ... I don't want to upset you ....
どう言えばいいだろう…つまり…君を驚かせたくはないんだけど…

B **Get to the point.**
早く要点に入って。

ダイアローグ 3

A I'm sorry to be calling you this late. I thought you'd want to know right away so ...
こんなに遅くに電話してごめんね。すぐに知りたいと思ってさ…

B **Get to the point**, will you!?
要点を言ってもらえるかな？

043 しっかりしなさい！

Get your act together!

[ゲッチュア アク_トゥギャザ]

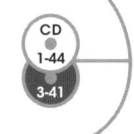

◀フレーズの解説▶
get one's act together は「しっかりした行動を取る」という意味のフレーズで、やるべきことをしっかりやっていない相手に注意を促すネイティヴ表現。

◀音声変化の解説▶
get your は音が混じり合い［ゲッチュア］と発音。act together では［t］音の重なりによって片方が脱落する。

ダイアローグ 1

A Your teacher called me this morning. She says you haven't been to class all week.
今朝あなたの先生から電話があったの。あなたが1週間ずっと授業に出てないって言ってたわ。

B I can't stand school. It's so boring!
学校は我慢できないんだ。超、退屈なんだよ！

A **Get your act together.** If I find out you're skipping school again, you're going to be in big trouble!
しっかりしなさい。また学校をサボっているのを見つけたら、ひどい目に遭うからね。

ダイアローグ 2

A You can't keep showing up to work hung-over all the time.
いつもいつも二日酔いで会社に来るのはダメだよ。

B I know. わかってます。

A You'd better **get your act together**, or you're going to be out of a job!
しっかりしなさいよ。さもないと職を失うわよ。

ダイアローグ 3

A The meeting starts in ten minutes and you're still not ready?!
打ち合わせは10分後なのに、まだ準備できてないの？

B I'm almost finished. ほぼ終わってるんですが。

A **Get your act together.** We have a lot riding on this.
しっかりしなさい。これにはいろいろなことが懸かってるのよ。

044 やめてくれよ！

Give it a rest!

[ギヴィッダ［ラ］レス（ト）]

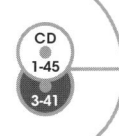

◀フレーズの解説▶
Give it a rest! は「それに休憩を与えろ！」が直訳。実際にはうるさく言ってくる相手に向かって「(その話は) やめてくれよ！」と話を断ち切るニュアンスのネイティヴ表現。

◀音声変化の解説▶
give it a の 3 語が連結するが、it a の部分では弾音化が起こるため［ギヴィッダ［ラ］］のような発音がなされる。

ダイアローグ 1

A I still think you're making the wrong decision.
あなたの決断が間違っているって、まだ私は考えてるのよ。

B **Give it a rest!** I've made up my mind already.
やめてくれよ！ もう僕の心は決まってるんだよ。

ダイアローグ 2

A You're really going to marry him? He's not the right one for you. I'm telling you!
ほんとうに彼と結婚するのかい？ 彼は君にふさわしくないよ。ほんとうだよ！

B **Give it a rest!** You don't know him like I do.
やめて！ あなたは私のようには彼を知らないのよ。

ダイアローグ 3

A Why do you keep wasting your money on pachinko?!
どうしてパチンコでお金を無駄にし続けてるのよ？

B **Give it a rest!** It's how I relieve stress. It's my money anyway.
うるさいなあ！ 僕のストレス解消法なんだよ。とにかく僕のお金なんだし。

045 やってみなさいよ。

Give it a shot.
[ギヴィッダ [ラ] シャッ(ト)]

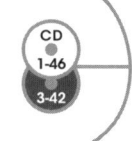

◀フレーズの解説▶
shot は「試み；チャレンジ」という意味。Give it a shot. で「試してみなさい」「やってみなさい」「チャレンジしてみなさい」といった意味になる。Give it a try. でも同じ意味の表現になる。

◀音声変化の解説▶
give it a の 3 語が連結して [ギヴィッダ [ラ]] と発音され、大きく音が変化することに注意。

ダイアローグ 1

A I've been thinking about opening my own restaurant.
自分のレストランを開こうと思ってるの。

B **Give it shot.** You love to cook, right? Why not do what you love?
チャレンジしなよ。君は料理が好きなんだよね。好きなことをすればいいんじゃないの？

ダイアローグ 2

A Wow! Is that the new Ping driver?
へえ！それって新しいピン・ドライバー？

B It sure is. I just bought it last week.
そうだよ。つい先週買ったのよ。

A Do you mind if I hit with it once?
それで一度試し打ちしてもいいかな？

B Not at all. **Give it a shot.**
もちろん。試してみて。

ダイアローグ 3

A I saw a help-wanted ad in the paper for a job as a cruise-ship entertainer.
クルーズシップ・エンターテイナーの仕事を新聞の求人広告で見かけたんだ。

B **Give it a shot.** What do you have to lose?
やってみなさいよ。失うものなんて、なにもないわよ。

046 ちょっと手伝って。

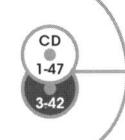

Give me a hand.
[ギ_ミ ア ハン(ド)]

◀フレーズの解説▶
Give me a hand. は「私に手を与えて」が直訳。ちょっとだれかに手伝ってほしいとき、手を貸してほしいときに使う表現。

◀音声変化の解説▶
give me から [v] 音が脱落して [ギ_ミ] と発音されることが多い。me は素早く短く [ミ] と発音。

ダイアローグ 1

A Give me a hand. I need to take these six boxes down to the basement. They're really heavy.
ちょっと手を貸して。この6つの箱を地下室に運びたいの。とても重くて。

B Sure. What's in them?
いいよ。なにが入ってるの?

A Just a bunch of old books.
古い本がたくさんね。

ダイアローグ 2

A Do you need some help with those suitcases?
そのスーツ・ケース、手伝いましょうか?

B Yes. Could you please **give me a hand**?
ええ。手を貸していただけます?

A Certainly.
もちろんです。

ダイアローグ 3

A Do you have a minute?
ちょっといいかな?

B Sure. What do you need?
うん。どうしたの?

A Give me a hand setting up this laptop, will you? I'm not very good with computers.
このラップトップの設定を手伝ってくれない? コンピューターが得意じゃないんだ。

047 勝て！；やっつけろ！；行け！

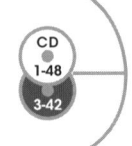

Go get 'em!
[ゴウ ゲッデ［レ］ム]

◀**フレーズの解説**▶
Go get 'em! は「行って取ってこい！；行って片付けてこい！；行って勝ってこい！」といった意味合いで用いられるネイティヴ表現。'em は them の省略。

◀**音声変化の解説**▶
get 'em で連結、弾音化が起こり［ゲッデ［レ］ム］のような発音になる。

ダイアローグ 1

A Okay. This is the last match of the tournament. Just do exactly like we practiced.
OK。これがトーナメントの最終戦だ。練習どおりにやってこい。

B I'm ready coach.
準備万端です、コーチ。

A Go get 'em!
行ってこい！

ダイアローグ 2

A Alright. The negotiations are scheduled for 3PM tomorrow in Detroit. Are you prepared?
よし。交渉は明日の午後3時からデトロイトでの予定よ。準備はできてる？

B Yes. They're not going to know what hit them.
ええ。叩きのめしてきますよ。

A That's what I lilke to hear. **Go get 'em!**
それを聞きたかったのよ。やっつけてきちゃって！

ダイアローグ 3

A My first court case as the new district attorney is tomorrow. I haven't slept at all the last two nights.
明日は地方検事として最初の裁判なんだ。このふた晩は一睡もしなかったよ。

B **Go get 'em!** I'm sure you'll do great.
がんばれ！きっとすばらしい結果が出せるわ。

⓿❹❽ よかったね！

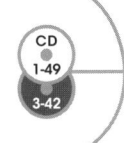

Good deal!
[グッ＿ディーゥ]

◀フレーズの解説▶
Good deal. は「いい取引だ」が直訳だが、実際は「よかったね！」という意味になる。商売と関係ないダイアローグでもよく使われる。

◀音声変化の解説▶
good 末尾の［d］と deal の頭の［d］が重なるため、片方が脱落し［グッ＿ディーゥ］という発音になる。

ダイアローグ 1

A Did you get that raise you were hoping for?
望んでいた昇給はもらえたの？

B I sure did. I got even more than I expected!
もらえたよ。予想以上だった！

A Good deal!
よかったね！

ダイアローグ 2

A Is everything all set for the wedding tomorrow?
明日の結婚式の準備は全部できてるの？

B All we're waiting on is the cake!
待っているのはケーキだけだよ！

A Good deal.
よかった。

ダイアローグ 3

A Did you get your loan approved for the house you wanted to buy?
買いたかった家のローンの承認は下りたの？

B Yep. I signed the paperwork yesterday afternoon.
うん。昨日の午後に書類にサインをしたんだ。

A Good deal!
よかったね！

049 よかったね！；よくやったね！

Good for you!

[グッ＿フォーユー]

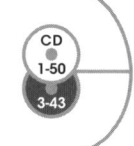

◀**フレーズの解説**▶
Good for you! は「あなたにとってよい！」が直訳。実際は「よかったね」「よくやったね」「いいね」といったニュアンスで使われるネイティヴ・フレーズ。

◀**音声変化の解説**▶
good の [d] 音が脱落する傾向にある。

ダイアローグ 1

A How are you doing in school?
学校はどう？

B Great. I have a 4.6 GPA, and I love my teachers.
すばらしいわよ。成績は平均で 4.6 だし、先生たちも大好きなの。

A Good for you!
よかったね！

ダイアローグ 2

A You look great! Are you still on that diet you started?
元気そうだね！ 君が始めたダイエットまだやってるの？

B Sure am. I've lost fifteen pounds in two weeks!
もちろん。2 週間で 15 ポンド減量したの。

A Good for you! Keep it up!
よくやったね！ がんばって！

ダイアローグ 3

A I haven't seen you smoking recently.
あなた最近タバコを吸ってるのを見ないわね。

B I quit cold turkey two weeks ago.
2 週間前に一気にやめたんだよ。

A Good for you! That's a smart move.
よかったね！ いいことだよ。

050 その調子!

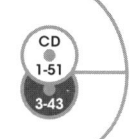

Good going!
[グッ＿ゴウイング]

◀**フレーズの解説**▶
Good going! は「よくやった!」「おめでとう!」「いいね、その調子!」と相手をほめるときのネイティヴ・フレーズ。

◀**音声変化の解説**▶
good 末尾の破裂音［d］と going の頭の破裂音［g］が重なるため、［グッ＿ゴウイング］という発音になる。

ダイアローグ 1

A How did you do in the tennis tournament?
テニス・トーナメントはどうだった?

B I finished second in a field of thirty-two.
選手 32 人中で 2 位になったよ。

A **Good going!** All that practice is paying off!
よくやったね! きつい練習が実を結んできてるね!

ダイアローグ 2

A I finally took the plunge and joined a gym. I've been working out three times a week.
とうとう思い切ってジムに入ったんだ。週に 3 日トレーニングしているよ。

B **Good going!**
その調子よ!

ダイアローグ 3

A Guess what I did this weekend?
この週末に、僕がやり遂げたことがわかるかい?

B What?
どうしたの?

A I completed my first full marathon.
はじめてのフル・マラソンを完走したんだよ。

B **Good going!**
おめでとう!

051 なんてことだ！

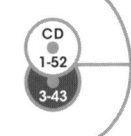

Good grief!
［グッ＿グリーフ］

◀フレーズの解説▶
Good grief! は、悪い状況について「まさか！；え〜！；なんてことだ！」と強い驚きや嫌悪を表す表現。Holy cow! や Holy shit! も同じ意味で使える言い回し。

◀音声変化の解説▶
good 末尾の破裂音［d］とgrief の頭の破裂音［g］が重なるため、［グッ＿グリーフ］という発音になる。

ダイアローグ 1

A Did you hear about Jim's car accident? He was in a three-car wreck and totaled his new car.
ジムの自動車事故のことは聞いた？3台の事故に巻き込まれて、車が滅茶苦茶になったんだって。

B Good grief!
え〜！

ダイアローグ 2

A Why isn't Mike here this morning?
どうしてマイクは今朝来てないの？

B You didn't hear? His house caught on fire last night. He's lucky it didn't burn to the ground.
聞いてないの？昨夜、家が火事になったのよ。運のいいことに、全焼は免れたみたいだけど。

A Good grief! Is his family okay?
なんてことだ！彼の家族は無事なの？

ダイアローグ 3

A Look at this! The news is reporting that there was a terrorist attack in London!
これを見てよ！ロンドンでテロ攻撃があったって、ニュースで言ってるわ！

B Good grief! That's the hotel I stayed at last week!
なんてことだ！あれって先週、僕が泊まったホテルだよ！

052 すばらしい。

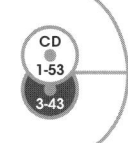

Good job.
[グッ__ジャーブ]

◀フレーズの解説▶
Good job. は「すばらしいね」「よくやったね」と相手をほめるネイティヴ・フレーズ。

◀音声変化の解説▶
破裂音＋［dʒ］で破裂音が脱落するため。good の［d］音が消えてしまう。

ダイアローグ 1

A What are you so happy about!?
なんでそんなにうれしそうなの?

B I finally finished my last exam for college. I'm going to graduate in two weeks!
大学の最後の試験がついに終わったの。2週間で卒業なんだ!

A Good job.
よくやったね。

ダイアローグ 2

A I heard you made the varsity football team!
アメフトの代表チームに入ったんだってね!

B That's right. They gave me a starting spot at wide receiver.
そうなんだ。ワイド・レシーバーで、スターターになったんだよ。

A Good job! I knew you could do it!
よくやったわね! できると思ってたわ!

ダイアローグ 3

A Where'd you get that Rolex?
そのロレックス、どこで買ったの?

B It was a gift from my boss. I made salesman of the year.
上司のプレゼントなの。営業の年間優秀賞を取ったの。

A Good job! That's quite a reward.
やったね! すごいご褒美だね。

053 そうだなあ（わからないや）。;難しい問題だね。

Good question.
［グッ＿クェスチョン］

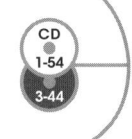

◀**フレーズの解説**▶
Good question. は「いい質問だね」という意味ではなく、「難しい質問だね」というニュアンス。即答ができない質問や、いろいろな考えがあってかんたんには答えが出ない質問を受けたときなどに使うフレーズ。

◀**音声変化の解説**▶
good の［d］音が脱落するかとても弱くなることに注意。

ダイアローグ 1

A Do you think the global warming trend is the fault of human beings or a natural evolution?
地球温暖化は、人類の失敗か、自然の進展か、どちらだと思う?

B That's a **good question**. After all, you have to remember that there were previously Ice Ages.
それは難しいね。とにかく、以前氷河期があったことは覚えておかないといけないけどね。

ダイアローグ 2

A So what do we have to do to increase our market share in the cell phone industry?
で、携帯電話産業で、われわれのシェアを増やすために、なにをするべきだろう?

B **Good question.** I think the operating software is the key.
そうですねえ。私は、OS がカギになると思います。

ダイアローグ 3

A I've been thinking about opening my own real estate business. Do you think now would be a good time to do it?
自分で不動産業をやろうと思っているんだ。いまはいい時期だと思うかい?

B **Good question.** On the one hand, you could get a really good deal on property. The hard part is finding buyers and renters.
そうねえ。一方で不動産をとてもいい条件で入手できるかもしれないけど、難しいのは購入者や借りる人を探すことだよね。

054 がんばったじゃない。

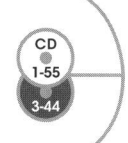

Good try.
[グッ＿トゥライ]

◀フレーズの解説▶
Good try. は「いいチャレンジだった」が直訳。「今回は残念だったが、よくやったよ、次回はがんばれ」という含み。

◀音声変化の解説▶
この good も [d] 音が脱落したり弱まる点に注意。

ダイアローグ 1

A I blew it coach. I'm really sorry.
コーチ、しくじりました。ほんとうにすみません。

B Nonsense! It was a **good try**. We just have to work some more on polishing your technique.
バカを言うな！いいチャレンジだったよ。技術的にもう少し磨きをかける必要があるだけさ。

ダイアローグ 2

A I can't believe that outfielder grabbed that fly ball at the wall. I was sure that was the game-winning run.
あの外野手、あのフライを壁際で捕るなんて信じられないよ。試合を決める走りになると確信してたのに。

B **Good try.** We'll get them next time.
よくやったわ。今度は彼らをやっつけましょうよ。

ダイアローグ 3

A I was so close. One more point and I would have won the match.
惜しかった。あと1点で試合に勝ってたのに。

B **Good try.** You'll get 'em next time.
がんばったよ。今度は勝てるさ。

055 どうぞ、どうぞ。

Go right ahead.
[ゴウ ライダ [ラ] ヘッ (ド)]

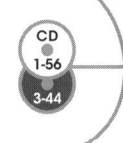

◀フレーズの解説▶
Go right ahead. は、Go ahead.（どうぞ）に right を加えて強調した表現で、「どうぞやりなさい」「どんどん進んでやって」といった意味合いになるネイティヴ・フレーズ。

◀音声変化の解説▶
right ahead の 2 語が連結し、連結部で弾音化が生じるため［ライダ [ラ] ヘッ (ド)］という発音がなされる。

ダイアローグ 1

A Do you mind if I use your phone for a minute?
ちょっと電話を借りてもいいですかね?

B Go right ahead.
どうぞ、どうぞ。

ダイアローグ 2

A Can I get one of those cigarettes from you?
タバコを 1 本もらっていいかな?

B Go right ahead.
どうぞ、どうぞ。

ダイアローグ 3

A Do you mind if I use your restroom?
お手洗いをお借りしてもいいですか?

B Go right ahead. It's down that hall. Second door on your left.
どうぞ。その廊下の先ですよ。左手の 2 番目のドアになります。

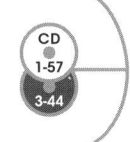

056 ちょっと時間ある?

Got a second?
[ガッダ [ラ] セカン_]

◀フレーズの解説▶
Got a second? は Have you got a second? が省略されたもので「時間はある?」「ちょっといい?」といった意味になるネイティヴ・フレーズ。

◀音声変化の解説▶
got a は連結し、連結部で弾音化が起こり [ガッダ [ラ]] となる。また、second 末尾の [d] 音は脱落する。second を sec と短くして話す場合もある。

ダイアローグ 1

A Got a second?
ちょっと時間ありますか?

B Sure. What do you need?
もちろんよ。どうしたの?

A I just need you to sign these expense reports for me.
この経費の報告書にサインをしてもらいたいだけなんですよ。

ダイアローグ 2

A You got a second?
ちょっと時間あるかな?

B Not right now. I'm about to head into a meeting.
いまはダメです。ミーティングに向かうところなんです。

A I need to talk to you. Stop by my office later when you have time.
話があるのよ。時間ができたらあとで私のオフィスに寄ってちょうだい。

ダイアローグ 3

A Got a second?
ちょっと時間ある?

B I always have time for you. What's up?
君のためならいつだって。どうしたの?

A I need some advice.
ちょっとアドバイスが欲しいのよ。

057 わかった！；了解！

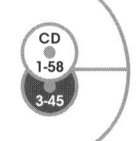

Got it!
［ガッディ［リ］ッ（ト）］

CD 1-58
3-45

◀フレーズの解説▶
Got it. は I got it.「私はそれを手に入れた；了解した」が短くなったもので、相手の話を理解してわかった場面、相手の話を了解した場面で使うひとこと。

◀音声変化の解説▶
got と it の連結部で弾音化が起こり、［ガッディ［リ］ッ（ト）］という発音になるが、末尾の［t］音も脱落しやすい。

ダイアローグ 1

A Excuse me. Can you tell me how to get to the Hilton hotel?
すみません。ヒルトン・ホテルにはどう行けばいいですか？

B Go down this street three blocks and turn right. It's about a half-mile down on your left.
この通りを3ブロック進んで右折ですよ。半マイルほど行った、左手にあります。

A **Got it.** Thanks. わかりました。ありがとうございます。

ダイアローグ 2

A I'm going to Subway to get some lunch. Do you want anything?
お昼を買いにサブウェイに行くけど、なにかいる？

B Yeah. Get me a turkey club sandwich with lettuce, tomato and mayo only.
うん、レタスとトマトとマヨネーズだけ入ったターキー・クラブ・サンドを買ってきてよ。

A **Got it.** 了解!

ダイアローグ 3

A Have you decided on your order?
ご注文は決まりましたか？

B I'd like the lunch special, but with a salad instead of fries.
ランチ・スペシャルがいいんですが、フライド・ポテトの代わりにサラダをお願いします。

A **Got it.** Do you want that for here or to go?
わかりました。こちらでお召し上がりですか、それともテイクアウトなさいますか？

058 了解。

Got you.
[ガッチュー；ガッチャ；ガッ（ト）ヤ]

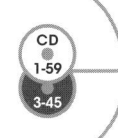

◀フレーズの解説▶
Got you. は (I've) got you.「わかった」が短くなったもので了解を表すひとこと。

◀音声変化の解説▶
ネイティヴはこのフレーズを [ガットユー] のように発音せず、[ガッ（ト）ヤ] あるいは [ガッチュー；ガッチャ] と発音する場合が多い。got の [t] 音と you の [j] 音が混じり合って [チュ] と発音される。

ダイアローグ 1

A I need this package FedExed priority overnight to our Manila office.
マニラ・オフィスにフェデックスのプライオリティー・オーバーナイト便でこの荷物を送る必要があるんです。

B Got you. Prepaid or collect?
わかりました。前払いですか？配達時払いですか？

ダイアローグ 2

A Would you mind stopping at the store on your way home? We're out of milk.
家に帰る途中でお店に寄ってきてもらえない？ミルクが切れているの。

B Got you. Is that all we need?
わかったよ。それだけでいいの？

ダイアローグ 3

A (Taxi Driver) Where to?
（タクシー運転手）どちらへ行きましょうか？

B 11th and Main street please. I'm in a hurry
11 番街とメイン通りの交差点まで。急いでいるんです。

A Got you.
わかりました。

059 すごいよ！；やったね！

Great job!
[グレイ＿ジョブ]

◀フレーズの解説▶
Great job! は相手のやった仕事などがすばらしいときに使うほめことばで「すごいね!」「すばらしいね!」「やったね!」といった日本語にあたるひとこと。

◀音声変化の解説▶
Good job! の場合と同じく、破裂音＋［dʒ］で破裂音が脱落するため、great の［t］音が脱落する。

ダイアローグ 1

A How did your quarterly exams go?
今四半期の試験はどうだったの？

B I got all A's. Right now I'm second in my class.
オールAを取ったよ。いまはクラスで2番なんだ。

A **Great job!** やったね！

ダイアローグ 2

A Do you have those design drawings finished?
あの設計の製図は終わったの？

B Yep. Here. Take a look. I also included some ideas for interior furnishings as well.
ええ、これですよ。見てください。インテリア家具に関してもいくつかアイデアを盛り込みました。

A These are really good. **Great job!** とてもいいね。すばらしい！

ダイアローグ 3

A How did the meeting with the client go? Did they like your presentation?
顧客との打ち合わせはどうだった？ 君のプレゼントを気に入ってた？

B Really well. They said they are going to bring us in on a new project that will quadruple our current business.
とてもうまくいきました。新しいプロジェクトに加えてくれると言ってもらいました。それで売上が4倍になりますよ。

A **Great job!** You really hit a home run there.
すばらしい！ 大成功を収めたね。

060 がんばって。

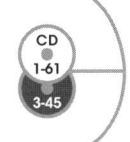

Hang in there.
［ハンギネァ］

◀フレーズの解説▶
Hang in there. は「そこにつかまって、踏みとどまって」が直訳。ここから、「あきらめないでがんばって」と励ます表現になったもの。

◀音声変化の解説▶
in there の連結部で［n］音と［ð］音が混じり合い［イネァ］という発音になる。

ダイアローグ 1

A How's your husband?
ご主人はどう?

B He has to go in for heart surgery this Monday. I'm really worried.
今度の月曜に心臓の手術を受けないといけなくて。とても心配してるの。

A **Hang in there.** I'm sure it'll all go well.
がんばって。絶対にすべてうまくいくよ。

ダイアローグ 2

A How's your job search going?
職探しはどうなの?

B I've applied to six different places since I was laid off.
クビになってから6カ所に応募したよ。

A **Hang in there.** I'm sure you'll find something soon.
がんばって。きっとすぐになにか見つかるわよ。

ダイアローグ 3

A How's college treating you?
大学生活はどう?

B It's really tough. I've wanted to just throw in the towel lately.
かなり大変だよ。最近は、もうあきらめたいと思ってたんだよ。

A **Hang in there.** It'll all be worth it in the end.
がんばって。最後にはあなたのためになるわよ。

061 楽しんでおいで。

Have a good time.
［ハヴァ グッ_タイム］

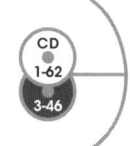

CD
1-62
3-46

◀フレーズの解説▶
Have a good time. は「楽しんでおいで」と出かける人に向かって使うひとこと。good time は「楽しいひととき」という意味。

◀音声変化の解説▶
have と a は連結し［ハヴァ］のように発音、good time では good の［d］音が脱落する。

ダイアローグ 1

A What are you kids doing tonight?
今晩、あなたたち子どもはなにをするの?

B We're going to the mall and then the movies.
モールに行ってから映画に行くんだ。

A **Have a good time.** Be safe and be home by 11:00.
楽しんでおいで。安全にね、で11時までには戻るのよ。

ダイアローグ 2

A Do you have any special plans for the year-end holidays?
年末休暇にはなにか特別な予定があるの?

B Actually, I am going to spend a week in the Bahamas.
実は、バハマ諸島で1週間過ごすつもりなの。

A That's great! **Have a good time.**
すばらしい! 楽しんできてね。

ダイアローグ 3

A A bunch of us are going out for drinks after work tonight. Would you like to come?
今夜、仕事のあとにみんなで飲みにいくんだ。君も来る?

B Sorry I can't. I've already got other plans. **Have a good time** though!
ごめんね、行けないの。もうほかの予定があるのよ。でも、楽しんできてね!

062 勝手にしたら。

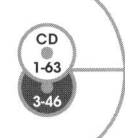

Have it your way.
[ハヴィッチュア ウェイ]

◀ **フレーズの解説** ▶
Have it your way. は直訳すると「あなたの方法でやりなさい」ということ。相手に忠告したけれども、聞き入れてもらえない場合に、「もう好きにしたら」「勝手にして」という意味合いで使うネイティヴ・フレーズ。

◀ **音声変化の解説** ▶
have it your が連結して［ハヴィッチュア］という発音になる。it の［t］音が脱落することもある。

ダイアローグ 1

A Even though he's our son, I think Tim should pay some rent if he's going to live here.
ティムは息子だけど、ここに住むつもりなら、家賃を払うべきだよ。

B I don't think that's right. He's family!
そうは思わないわ。彼は家族なのよ!

A Fine. **Have it your way.**　いいよ。勝手にしたら。

ダイアローグ 2

A I think you should hire someone to fix your car instead of trying it yourself.
車は自分で修理しようとするんじゃなくて、だれかを雇ってやるべきよ。

B I can do it. Besides, look at all the money I can save.
自分でできるよ。それに、どれだけ節約できるかわかる?

A **Have it your way.** Just don't complain to me if it doesn't work out.
好きにしたら。うまくいかなくても、私に文句を言わないでよ。

ダイアローグ 3

A I don't think it's wise of you to get that tattoo.
そんなタトゥーを入れるのは賢いことじゃないわよ。

B I don't care what you think. I'm doing it. I'm an adult, after all.
君がどう思ってもかまわないよ。僕がやるんだし、僕は大人だからね。

A Okay. **Have it your way.** But I'm telling you someday you're going to regret it.
わかったわ。好きにしたら。いつか後悔するだろうってことだけは言っておくわよ。

063 彼は機嫌が悪いんだよ。

He's in a bad mood.
[ヒーズ イナ バッ__ムード]

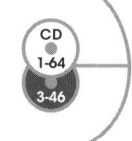

◀**フレーズの解説**▶
in a bad mood は「悪いムードの」→「機嫌が悪い」という意味。不機嫌な人を形容する場面でよく使われる。

◀**音声変化の解説**▶
in a の 2 語が連結して [イナ] と発音。また、bad mood では [d] + [m] で破裂音の脱落が生じるため [バッ__ムード] と発音される。

ダイアローグ 1

A What's wrong with Mike?! He didn't even say hi to me when he walked in.
マイクはどうしちゃったの？ 入ってきたときに、あいさつもしなかったよ。

B **He's in a bad mood.** I think he's having problems at work.
機嫌が悪いのよ。仕事で問題を抱えてるんだと思うわ。

ダイアローグ 2

A Did you see James go off on his secretary earlier?! What's up with that!?
さっきジェイムズが秘書に八つ当たりしてたのを見た？ どうしちゃったの？

B **He's in a bad mood.** He's had a short temper all week. I don't know what's wrong with him.
機嫌が悪いんだよ。今週はずっと怒りっぽいよ。なにがあったのかは知らないけどね。

ダイアローグ 3

A Why did Sarah storm out of the restaurant at the party last night?
昨夜のパーティーで、サラが怒ってレストランを出ていっちゃったのはどうして？

B I'm not sure. **She's been in a bad mood** lately.
さあ。彼女、最近はずっと機嫌が悪いんだよね。

064 待て待て！；待って！；落ち着いて！

Hold your horses!

[ホウ（ル）ジュァ ホースィズ]

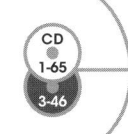

◀**フレーズの解説**▶
Hold your horses. は「馬を抑えていなさい」という意味から転じ、「待ちなさい」「待て待て」「落ち着いて」といった意味で使われるようになったもの。相手をいさめるときのひとこと。

◀**音声変化の解説**▶
hold your の [d] + [j] の部分が [ジュ] に近い発音になる。また、日本人の耳には hold の [l] 音が聴き取りづらいので注意。

ダイアローグ 1

A Hurry up! We're going to be late for the movie!
急いで！映画に遅れちゃうよ！

B **Hold your horses.** I already bought the tickets online so we have plenty of time.
待て待て。もうチケットはネットで買ってるから、時間は十分にあるんだよ。

ダイアローグ 2

A That's it! I'm fed up with how long it's taking for them to bring our food. Let's just leave!
もうキレた！食事を運んでくるのにどれだけ時間がかかるんだよ。もう出ようよ！

B Whoa. **Hold your horses!** This is a five-star French restaurant. We can't just get up and leave!
待って。落ち着いてよ！ここは5つ星のフレンチ・レストランなのよ。ただ席を立って帰るなんてできないわよ！

ダイアローグ 3

A I'm not happy with the way John is running this company. I think I'm going to make a formal complaint at the shareholders' meeting.
ジョンのこの会社の経営方針が気に入らない。株主総会で公式に苦情を言ってやろうと思ってるんだ。

B Wait a minute. Just **hold your horses**. John has been with the company forever. He's one of the founders for crying out loud!
待って。落ち着いてよ。ジョンはずっと会社をやってきたのよ。創設者のひとりなんだからね！

065 なんでそんな！

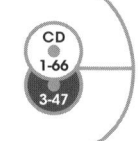

How could you?!
[ハウ クッジュー]

◀フレーズの解説▶
How could you? は How could you do that?「どうしてそんなことができたの?」が短くなったもので、「なんでそんなことしたのよ?」と詰問するニュアンスのネイティヴ・フレーズ。

◀音声変化の解説▶
could の [d] と you の [j] 音が混じり合い [ジュ] という発音になる。

ダイアローグ 1

A What did you do with the money your grandfather gave you for school?
学校のためにおじいちゃんがくれたお金はどうしたの?

B I spent it at the casino.
カジノで使っちゃったよ。

A How could you?!
どうしてそんな!

ダイアローグ 2

A Have you seen the comic books I had boxed up in the basement?
地下に箱詰めしておいたマンガ本を見なかった?

B I didn't think you wanted them anymore so I threw them away.
もういらないんだと思って、捨てちゃったわよ。

A What?! How could you!?
え?! どうしてそんな?

ダイアローグ 3

A What are you doing with my phone!?
僕の電話でなにしてるのさ?

B I'm looking at these interesting text messages ...
このおもしろいショートメールを見てるのよ…

A That's private! How could you!?
プライベートなものだぞ! なんでそんなことするの?

066 私が知るわけないでしょ。

How should I know?
[ハウ シュダ[ラ]イ ノウ]

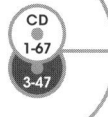

◀フレーズの解説▶
How should I know? は「私がどうやって知っているの?」から反語的な意味に転じて、「私が知るわけないでしょう!」という意味で使われているフレーズ。

◀音声変化の解説▶
should I で音の連結や弾音化が起こり [シュダイ] あるいは [シュダ[ラ]イ] と発音される。

ダイアローグ 1

A Where are my car keys? I can't find them anywhere!
僕の車のキーはどこだろう? どこにもないんだよ!

B How should I know? Did you leave them in the car maybe?
私が知るわけないでしょ? たぶん車に置いてきたんでしょ?

ダイアローグ 2

A What happened to the TV? It just suddenly stopped working.
テレビはどうしちゃったの? 急に止まっちゃったわよ。

B How should I know. You're the one that was watching it!
僕は知らないよ。観てたのは君でしょ!

ダイアローグ 3

A Did you see the woman Tom brought with him to the party? Who was that?
トムがパーティーに連れてきた女性を見た? あれはだれなのよ?

B How should I know? I've never seen her before either.
知らないよ! 僕だってはじめて見たんだし。

067 なんで君にそんなことわかるの？；君にはわからないよ！

How would you know?!

[ハウ ウッジュー ノウ]

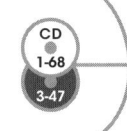

◀フレーズの解説▶
How would you know? は「どうして君にわかるんでしょう？」が直訳。実際は you にストレスを置いて発音され、「どうしてわかるのさ？；わかるわけないでしょ；あり得ないでしょ；ウソばっかり」と相手の言葉を強く否定する場面で用いる言い回し。

◀音声変化の解説▶
would you の連結部では［d］+［j］が混じり合って［ジュ］に近い発音に変化する。

ダイアローグ 1

A If you're having chest pains, you should go to the hospital.
胸が痛むのなら、病院に行くべきよ。

B **How would you know?!** You're no doctor!
君にはわからないよ! 医者じゃないんだからさ!

ダイアローグ 2

A If you're going to Europe, spend the extra money and get a rail pass.
ヨーロッパに行くのなら、余分にお金を払ってレール・パスを買いなよ。

B **How would you know?!** You've never even been there!
なんでそんなこと言えるの? 行ったこともないくせに。

A I've read a lot about it, that's how.
たくさん本とかで読んだからね。それでわかるんだよ。

ダイアローグ 3

A If you don't stop smoking you're really going to regret it later in life.
喫煙をやめないと、先になって後悔することになるよ。

B **How would you know?!**
なんであなたにわかるのよ!

A Because I was young like you once. And I used to smoke two packs a day.
かつては君のように若かったし、1日に2箱吸ってたからさ。

068 ハマってるよ！

I can't get enough!
[アイ キャーン＿ゲッディ［リ］ナフ］

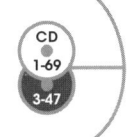

◀**フレーズの解説**▶
can't get enough は「十分に手に入らない」→「おもしろくて、まだいくらでもできる」→「ハマっている」ということ。

◀**音声変化の解説**▶
can't get では can't から［t］音が脱落。get enough の連結部では弾音化が起こりやすい。

ダイアローグ 1

A Have you tried that new smart phone game Crazy Elephants?
新しいスマホ・ゲームのクレイジー・エレファンツってやってみた？

B I play it all the time! **I can't get enough.**
いつもやってるよ！ハマってるんだ。

ダイアローグ 2

A What do you think about that new TV series with Angelina Jolie?
アンジェリーナ・ジョリーの出てる、新しいテレビ・シリーズ、どう思う？

B **I can't get enough.** I DVR it every week. It's my favorite show by far!
ハマってる。毎週ハードディスクに録画してるよ。これまででいちばんの番組だよ！

ダイアローグ 3

A What are you doing on your phone? You haven't heard a word I've said!
電話でなにをしてるのよ？私の言ったこと少しも聞いてなかったでしょ。

B I'm sorry. **I can't get enough** of Facebook. It's become addicting for me.
ごめん。フェイスブックにハマっててさ。癖になってきてるんだよね。

069 仕方ないんだよ。

I can't help it.

[アイ キャーン＿ヘゥピッ（ト）]

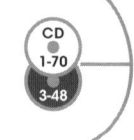

◀フレーズの解説▶
help は「せざるを得ない」という意味で用いられている。I can't help it. は「それをせざるを得ない」、つまり「仕方ない」ということ。

◀音声変化の解説▶
can't の［t］音や、末尾の it の［t］音も脱落しやすい。help は［ヘルプ］ではなく［ヘゥプ］に近く聴こえる。

ダイアローグ 1

A Excuse me Ma'am, but your baby's crying is bothering the other passengers. Please calm him down
すみません、お客さま。赤ちゃんの泣き声がほかのお客さまの迷惑になっています。なだめていただけますか。

B **I can't help it.** He's been fussy because he's not feeling well.
仕方ないんですよ。具合が悪いもので、ずっと機嫌が悪くて。

ダイアローグ 2

A Would you stop tapping your pen?! It's driving me crazy!
ペンでカタカタ叩くのやめてもらえない？ イライラするのよ！

B I'm sorry. **I can't help it.** It's a habit I've had since I was a kid.
ごめんよ。仕方ないんだ。子どもの頃からの癖でさ。

ダイアローグ 3

A What are you doing with those lottery tickets! I thought you quit gambling!
宝くじの券どうしたのよ？ ギャンブルはやめたと思ってたけど。

B **I can't help it.** I just can't stop myself. I've tried.
仕方ないんだ。自分を抑えられなくて。やってみてはいるんだけど。

A Maybe you should get some professional help.
もしかしたら、専門家に助けてもらうべきなのかもね。

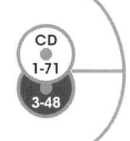

070 さあ、どうかなあ。

I can't say.
[アイ キャーン_セイ]

◀フレーズの解説▶
I can't say. は「僕には言えないよ」が直訳。はっきりしたことが言えない場面で「さあ、どうかなあ」といったニュアンスで用いられるネイティヴ・フレーズ。

◀音声変化の解説▶
can't から [t] 音が脱落しやすく、[アイ キャーン_セイ] という発音になる。

ダイアローグ 1

A What time are you going to get home from work tonight?
今夜は何時に仕事から戻るの？

B **I can't say.** It depends on how things go.
さあ、どうだろう。仕事の動きにもよるからね。

ダイアローグ 2

A Where is John? I haven't seen him in almost a week?
ジョンはどこ？ ほぼ1週間、彼を見てないわ。

B **I can't say.** He didn't mention anything about going out of town or anything. I wonder if he's sick ...
さあねえ。よそに出かけるとかそういったことはなにも言ってなかったよ。病気なのかなあ…

ダイアローグ 3

A Do you think the new peace talks in the Middle East are going to be successful?
中東の新たな和平会談はうまくいくと思う？

B **I can't say.** I wouldn't be surprised if they weren't though.
さあねえ。うまくいかなくても、まったく不思議ではないけどね。

071 待ちきれないよ！

I can't wait!

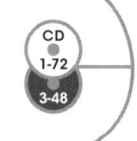

[アイ キャーン＿ウェイ（ト）]

◀フレーズの解説▶
can't wait は「待つことができない」→「待ちきれない」という意味。

◀音声変化の解説▶
このフレーズでも、can't の［t］が脱落しやすいため、［アイ キャーン＿ウェイ（ト）］という発音になる。wait の末尾の［t］音も脱落しやすい。

ダイアローグ 1

A Are you excited about going home for the holidays?
休暇に里帰りするのは楽しみなの？

B **I can't wait.** I haven't seen my family in six months!
待ちきれないわ！ 家族には 6 カ月も会ってないから！

ダイアローグ 2

A I hear you're being transferred to the US next spring.
来春あなたがアメリカに異動になるって聞いたわよ。

B That's right. **I can't wait.** I've been hoping to get that post for years!
そのとおり。待ちきれないよ。何年もあのポストを願ってたんだよね。

ダイアローグ 3

A It looks like Japan is going to host the World Cup again in four years.
4 年後に、また日本がワールド・カップを主催しそうだよね。

B Yeah. **I can't wait.** I went to every game last time.
うん。待ちきれないよ。前回はすべての試合に行ったんだ。

072 まさしく。

I couldn't agree more.

[アイ クドゥン_アグリー モー；アイ クドゥナグリー モー]

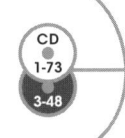

◀**フレーズの解説**▶
I couldn't agree more. は直訳すると、「私はこれ以上多く同意することはできないだろう」となる。相手の意見に強く同調して「そのとおり」「まさにそうだ」と伝えるときのネイティヴ流のひとこと。

◀**音声変化の解説**▶
couldn't 末尾の［t］が脱落してしまい［クドゥン_］という発音になる。また、agree と連結して［クドゥナグリー］と発音されることもある。

ダイアローグ 1

A I think it's about time we update the company website.
会社のウェブサイトを更新しなきゃいけない頃合いだと思うな。

B **I couldn't agree more.** It's so outdated it's embarassing!
そのとおりだよ。時代遅れで恥ずかしいよね！

ダイアローグ 2

A I think it's rediculous that some people refuse to acknowledge global warming.
地球温暖化を認めたがらない人がいるのはバカげてると思うわ。

B **I couldn't agree more.** All of the scientific data proves it's happening.
まさしくそうだね。科学的なデータのすべてが、温暖化が生じていることを示しているからね。

ダイアローグ 3

A I think we need to change our marketing strategy and target younger people.
マーケティング戦略を変更して、若者をターゲットにすべきだと思いますね。

B **I couldn't agree more.** They have more disposable income.
まさにそのとおり。若者はもっと使えるお金を持っているよ。

073 どうでもいいよ。；気にしないよ。

I couldn't care less.
［アイ クドゥ［ん］ン＿ケァ レス］

◀フレーズの解説▶
I couldn't care less. は「これ以上少なく気にすることはできないだろう」が直訳。実際は「まったく気にならない；気にしない」という意味で用いられるフレーズ。

◀音声変化の解説▶
破裂音［t］+［k］の連続によって、couldn't の［t］音が脱落する。couldn't は［クンン］と声門閉鎖音化することもある。

ダイアローグ 1

A Why are you dating him? He doesn't have any money ... he doesn't even have a job!
どうして彼とつき合ってるの？ 彼にはお金もないし…仕事だってないんだよ！

B **I couldn't care less.** He is the nicest, most honest person I have ever met.
全然、気にしないわ。これまでで出会った人の中で、いちばんやさしくて正直なの。

ダイアローグ 2

A If you don't cut your hair people are going to start thinking you are a girl!
髪の毛を切らないと、みんなあなたのことを女性だと思い始めちゃうわよ。

B **I couldn't care less.** I don't care what other people think about me.
平気だよ。ほかの人が僕のことをどう思ってもかまわないし。

ダイアローグ 3

A Can you believe the new sales quotas we have for this year?! How do they expect us to accomplish that when we are so understaffed?
今年の新しい売上のノルマ、信じられる？ すごく人手不足なのに、どうやって達成しろって言うのよ。

B Management **couldn't care less**. All they see is the bottom line.
経営陣は気にもかけてないよ。彼らが見ているのは、最終的な損益だけさ。

074 …があるといいなあ。

I could use ...

[アイ クドゥ[ル] ユーズ ; アイ クッジューズ ; アイ クッ__ユーズ]

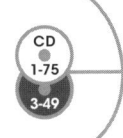

◀フレーズの解説▶
I could use ... は、仮定法で「…があるといい；あると助かる；欲しいな」という意味になるフレーズ。

◀音声変化の解説▶
couldの［d］がやや弾音化し［クドゥ[ル]］のように跳ねて聴こえる場合や、could useの［d］+［j］が混じり合って［クッジューズ］と発音される場合がある。couldの［d］音が脱落する場合もある。

ダイアローグ 1

A Can I get you anything else? Some dessert, perhaps?
なにかほかに買ってくる? デザートとか。

B **I could use** some coffee.
コーヒーがあるといいなあ。

A Certainly. Would you like cream and sugar with that?
了解。クリームとかお砂糖もいっしょにいる?

ダイアローグ 2

A You look exhausted!!
ヘトヘトみたいだね。

B **I could use** some rest. I've been burning the candle at both ends lately.
ちょっと休めるといいんだけど。最近、働きづめなのよ。

ダイアローグ 3

A You look really stressed out! What happened?
すごくストレスにやられてる様子だね! どうしたの?

B I just witnessed a really bad accident. I think at least two people were killed.
ひどい事故を目撃しちゃって。少なくともふたりは亡くなったと思うわ。

A That's terrible! ひどいね!

B Yeah. **I could use** a drink really bad.
うん。ホント、お酒でも飲まないとダメね。

075 よろこんで。

I'd be happy to.

[アイ＿ビ ハッピー トゥー]

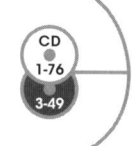

◀ フレーズの解説 ▶

I'd be happy to. は、なにかを頼まれたときなどに「よろこんで（そうしますよ）」と快諾するときのネイティヴ・フレーズ。It would be my pleasure. なども同類の表現。

◀ 音声変化の解説 ▶

I'd be の部分で［d］+［b］と破裂音が連続するため、［d］音が脱落しやすく、［アイ＿ビ］のような発音になる。

ダイアローグ 1

A Would you mind helping me carry these boxes to the storage room?

倉庫にこの箱を運ぶのを手伝ってもらえないかしら？

B Sure. **I'd be happy to.**

もちろん、よろこんで。

ダイアローグ 2

A Hey Joe. I'm going out of town next week. Can you water my plants while I'm gone?

ねえ、ジョー。来週よそへ出かけるんだけど、いない間、植物に水をあげてもらえる？

B **I'd be happy to.** Just leave me your key before you leave.

よろこんで。出かける前に、僕にカギだけ渡してよ。

ダイアローグ 3

A I'm collecting money for our high school class trip. Would you be interested in donating 5 or 10 dollars?

高校のクラス旅行のお金を集めているんですけど、5ドルか10ドル寄付していただけますか？

B Absolutely. **I'd be happy to.**

もちろん。よろこんで寄付するよ。

０７６ どうでもいいじゃん。；気にしないよ。

I don't care.
［アイ ドン＿ケァ；アイ＿オン＿ケァ］

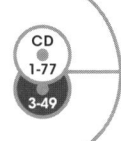

◀ **フレーズの解説** ▶
care は「気にする」という意味の動詞。I don't care. では「どうでもいいよ；気にしないよ」という意味になる。

◀ **音声変化の解説** ▶
破裂音［t］＋［k］の連続で、［t］が脱落するので、［ドン＿ケァ］という発音になる。don't の［d］音まで脱落し、［アイ＿オン＿ケァ］と発音されることもある。

ダイアローグ 1

A You just threw a $200 golf club into the lake!
200ドルのゴルフ・クラブを湖に投げ込んじゃったの!

B **I don't care.** I never liked it anyway.
どうでもいいよ。どうせ好きじゃなかったし。

ダイアローグ 2

A I can't believe you had front row tickets to the game last night and didn't go!
昨夜の試合の、最前列のチケットを持ってて行かなかったなんて信じられないよ!

B **I don't care.** They were free anyway
気にしないわ。どうせ、無料だったし。

ダイアローグ 3

A If we don't leave now we're going to miss the last train!
いま帰らないと終電がなくなっちゃうわよ!

B **I don't care!** We can take a taxi. I'm not ready to go yet.
そんなのどうだっていいよ! タクシーにも乗れるし。まだ帰りたくないんだよ。

077 納得できない。；理解できない。

I don't get it.
［アイ ドン＿ゲッディ［リ］ッ（ト）］

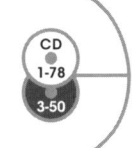

CD
1-78
3-50

◀フレーズの解説▶
get は、ここでは「納得する」「理解する」という意味。I don't get it. で「納得できないよ；理解できないよ」という意味になる。

◀音声変化の解説▶
don't の［t］音の脱落が生じるとともに、get it の連結部で弾音化も起こるため、［ドン＿ゲッディ［リ］ット］と発音される。末尾の［t］も脱落しやすい。

ダイアローグ 1

A I can't believe that young actor overdosed on drugs!
あの若手俳優が薬物の過剰摂取をするなんて、信じられない！

B Yeah. **I don't get it.** How does somebody with all that talent and money just throw their life away like that?!
うん。納得できないよね。あんな才能とお金のある人間が、どうして人生をあんなふうに棒に振ることができるのさ？

ダイアローグ 2

A Did you figure out what was wrong with your car?
あなたの車、どこが悪いのかわかったの？

B Nope. **I don't get it.** I've taken it to three different mechanics and they all say there's nothing wrong.
いいや。理解できないんだ。3人の整備士のところに持っていったんだけど、みんな悪いところはないって言うんだよ。

ダイアローグ 3

A I saw in the news that Navel just fired their CEO.
ネイブルが CEO をクビにしたって、いまニュースで見たの。

B Me too. **I don't get it.** Their stock is higher than it's ever been. He seemed to be doing a fantastic job!
僕もさ。理解できないね。あそこの株はこれまでにないほど高値だよね。すばらしい仕事をやっているように思えるしね。

078 かまいませんよ。

I don't mind.
［アイ ドン_マインド］

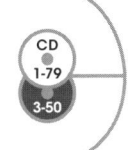

◀**フレーズの解説**▶
ここでの mind は「気にする」という意味の動詞。I don't mind. は「気にしてないよ」「かまわないよ」と相手の感謝の言葉へ返事をするときによく使われる。

◀**音声変化の解説**▶
don't mind は破裂音［t］のあとに鼻音［m］が連なっているため、［t］音が脱落しやすい。

ダイアローグ 1

A I really appreciate your giving me a lift to work while my car's being worked on.
車を修理に出している間、職場まで乗せていってくれること、ホントに感謝してるわ。

B **I don't mind.** You live right on the way anyway.
かまわないよ。とにかく君は、ちょうど途中に住んでるんだし。

ダイアローグ 2

A Thanks for letting me borrow your cellphone charger. I can't believe I left mine at home!
携帯の充電器を貸してくれてありがとう。自分のを家に置いてきちゃったなんて信じられないわ!

B **I don't mind.** I have an extra one anyway.
かまわないよ。どっちにしろ、僕は余分の充電器を持ってるしね。

ダイアローグ 3

A Thank you so much for helping me with this translation! I never would have gotten it done on time.
この翻訳を手伝ってくれてありがとう! 絶対に時間どおりに終わらなかったと思うよ。

B **I don't mind.** I'm just glad I could be of help.
全然平気。お役に立てて、うれしいわ。

079 それはどうかな。；そう思わないな。

I doubt it.
[アイ ダウディ［リ］ッ（ト）]

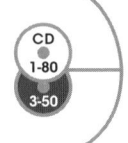

◀**フレーズの解説**▶
doubt は「疑う」という意味の動詞。I doubt it. は「僕はそれを疑う」が直訳だが、実際は「それはどうかなあ；そうは思わないなあ」というニュアンス。

◀**音声変化の解説**▶
doubt と it の連結部で弾音化が生じ、[ダウディ［リ］ッ（ト）] という発音になる。it の末尾の破裂音 [t] も弱まったり脱落しやすい。

ダイアローグ 1

A Do you think the European Union is going to bail Greece out if they default again?
再びデフォルトしたら、EU はギリシャを救済すると思うかい？

B **I doubt it.** They already did it once.
それはどうかな。すでに一度やっているからね。

ダイアローグ 2

A Do you think the housing market is going to improve anytime soon?
住宅市場はすぐにでも回復すると思う？

B **I doubt it.** Until the banks ease their lending policies, not enough people can afford to buy property.
どうかなあ。銀行が貸し付けの方針を緩和するまでは、回復に十分な人数が不動産を購入できないよ。

ダイアローグ 3

A Do you think we'll be able to get free upgrades to first class?
ファースト・クラスに無料でアップグレードできると思う？

B **I doubt it.** They said the flight was full when we checked in.
それはどうかな。チェック・インしたときにフライトは満席だって言ってたよ。

080 わかる。

I get you.
[アイ ゲッチュ ; アイ ゲッチャ]

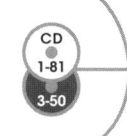

◀**フレーズの解説**▶
相手の言葉に対して「わかるよ」と応答するときや、相手に同情して「君の気持ちわかるよ」と伝えるときなどに使われるネイティヴ・フレーズ。

◀**音声変化の解説**▶
get you で [t] + [j] の音が混じり合い、[チュ] のような発音に変化するため、[ゲッチュ] のように聴こえる。また [ゲッチャ] とさらに砕けた発音がなされることも多い。

ダイアローグ 1

A I can't stand my job. My boss is too demanding, and we are all overworked and underpaid.
仕事に我慢できないんだ。上司の要求が多くて、さらにみんな働きすぎで給料が少なすぎるんだ。

B **I get you.** I think it's pretty much the same anywhere right now.
わかる。いまはどこもだいたい同じだと思うわ。

ダイアローグ 2

A I really think you should change your resume if you want to find a good job. You focus too much on education and not enough on real-life qualifications.
いい仕事を見つけたいなら履歴書を変えたほうがいいわよ。学歴にフォーカスを置きすぎていて、実社会での適性が十分に伝わってないわよ。

B **I get you.** You think I should add more details about previous work I've done.
わかるよ。これまでの仕事についてもっと詳しくつけ加えるべきだと、君は思ってるんだね。

ダイアローグ 3

A What do you think I need to do to improve my English?
英語力を高めるのにどうしたらいいと思いますか?

B Well, you need to spend more time using it instead of studying.
うーん、勉強するんじゃなくて、使うことにもっと時間を費やす必要があるね。

A **I get you.** So I need to practice speaking more with native speakers.
わかります。じゃあ、もっとネイティヴと話す練習をする必要がありますね。

081 いつまで待たせるのさ！；早くして！

I haven't got all day!

[アイ ハヴン_ガッド [ロ] ーゥ デイ]

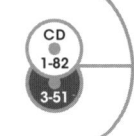

◀フレーズの解説▶
I haven't got all day! は「一日中は持っていない」→「一日中待つことはできない」ということ。「いつまで待たせるの?」「早くして!」「いつまでも待ってられないんだよ!」と相手に強く当たるときのネイティヴ・フレーズ。

◀音声変化の解説▶
haven't got では破裂音の連続のため［t］音が脱落。got all は連結部で弾音化が起こり［ガッド［ロ］ーゥ］のように聴こえる。

ダイアローグ 1

A Are you finished with those reports yet?
その報告書類はもう終わったの?

B Almost. I'm doing the last one now.
だいたいです。いま最後のをやっています。

A Hurry up! **I haven't got all day!**
急いで! そんなに待っていられないんだよ!

ダイアローグ 2

A Is my food order ready yet?!
僕の注文はまだできないの?

B It should be ready in about ten more minutes.
あと10分ほどでできるはずです。

A This is ridiculous. It's been thirty minutes already! **I haven't got all day!**
バカバカしい。もう30分も経ってるんだよ! いつまで待たせるんだよ!

ダイアローグ 3

A Where are you at? You were supposed to be here at one o'clock!
どこにいるの? 1時にはここにいるはずでしょ?

B I'm running a little late.
ちょっと遅れているんだ。

A When are you going to get here?! **I haven't got all day!**
いつここに来られるの? いつまでも待てないんだからね!

082 冗談じゃないって。；マジなんだよ。

I kid you not.
[アイ キッジュー ナッ（ト）]

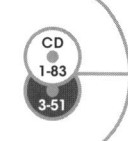

◀フレーズの解説▶
kid は「冗談を言う」という意味の動詞。I kid you not. は「冗談じゃないんだ」「マジなんだよ」といったニュアンスで使う言い回し。

◀音声変化の解説▶
kid you では [d] + [j] 音が混じり合い [ジュ] のような音に変化する。

ダイアローグ 1

A If I see you using Facebook again when you're supposed to be working, you're fired! **I kid you not!**
今度、仕事中にフェイスブックを使っているのを見つけたら、クビだ！冗談じゃないからな！

B I'm sorry boss. It won't happen again. I promise.
すみません、ボス。二度としないと約束します。

ダイアローグ 2

A If we don't win the World Series this year I am going to lose my mind! **I kid you not!**
今年ワールド・シリーズに優勝できなかったら、発狂しちゃうよ！マジに。

B I hear you. I feel the same way.
そうだよね。私も同じ気持ち。

ダイアローグ 3

A Did you hear the company is not giving out summer bonuses this year?
今年、会社は夏のボーナスを出さないって聞いた？

B That's two years in a row. If we don't get a Christmas bonus this year I'm out of here! **I kid you not.**
もう2年連続だよね。今年クリスマスのボーナスが出なければ、辞めてやるよ、マジに！

083 わかるよ。

I know what you mean.
[アイ ノウ ワッチュー ミーン]

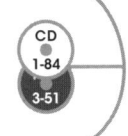

◀フレーズの解説▶
I know what you mean. は直訳すると「あなたの意味していることはわかります」となる。実際は、相手の気持ちに同情、共感して「わかるよ」「そうだよね」というニュアンスで用いられるネイティヴ・フレーズ。

◀音声変化の解説▶
what と you の [t] + [j] が混じり合い、[チュ] という発音に変化する。

ダイアローグ 1

A I can't believe how much weight Dave's lost!
デイヴの減量のすごさが信じられない!

B **I know what you mean.** I never thought he would stick with his diet the way he has.
わかる。彼があんなダイエットを継続できるなんて思いもよらなかった。

ダイアローグ 2

A The devastation from those tornadoes that hit the Midwest this weekend was horrific!
ミッドウェスト地方をこの週末に襲った竜巻の被害は恐ろしかったね。

B **I know what you mean.** I donated $500 to the Red Cross yesterday. If I can, I'm going to give again next week.
そうだよね。昨日、赤十字に 500 ドル寄付したんだ。できれば来週もう一度やりたいと思ってる。

ダイアローグ 3

A These meetings are a waste of time!
この打ち合わせは時間の無駄ですよ!

B **I know what you mean.** I can't stand them, they're so boring.
わかるわ。我慢ならないわよね。すごく退屈。

A I could use those two hours to get some real work done!
あの 2 時間は、ほんとうの仕事をこなすのに使えたはずなのに。

084 すぐ戻ります。

I'll be right back.
[アイゥ ビ ライ_バック]

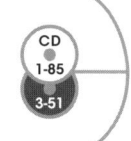

◀フレーズの解説▶
「すぐに戻るよ」と相手に伝えるときにネイティヴがよく使うフレーズ。be back で「戻る」、right は「すぐに」という意味の副詞。

◀音声変化の解説▶
I'll は［アイル］ではなく［アイゥ］のような発音。right back では破裂音の連続のため、片方が脱落し、［ライ_バック］のように発音される。

ダイアローグ 1

A **I'll be right back.** I'm going to run to the grocery store to get a few things.
すぐに戻るね。ちょっと物を買いに食料品店に行ってくるから。

B Okay. Can you grab some coffee when you're there? We're almost out.
わかった。そこでコーヒーを買ってきてくれる? ほとんどなくなっているの。

ダイアローグ 2

A Where are you going? Our guests are going to be here any minute!
どこに行くの? もうお客さんが来るのよ。

B **I'll be right back.** I need to go get some more ice.
すぐに戻るよ。もうちょっと氷を買ってこないと。

ダイアローグ 3

A Tell the taxi driver to wait a minute. **I'll be right back.**
タクシーの運転手にちょっと待つように言ってよ。すぐに戻るから。

B Where are you going?
どこにいくの?

A I left my credit card at the restaurant.
レストランにクレジット・カードを忘れちゃったんだよ。

085 すぐに参ります。；すぐに行くよ。

I'll be right there.
［アイゥ ビ ライ＿ゼァ］

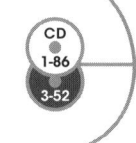

◀フレーズの解説▶
be right there は「すぐにそちらへ行く」。相手を待たせるときに使われるネイティヴ・フレーズで、「すぐに行くよ」という意味になるが、店員が客を待たせるときに「すぐにそちらに伺います」「すぐに参りますので」といったニュアンスでも使うひとこと。

◀音声変化の解説▶
I'll は［アイル］ではなく［アイゥ］のような発音。right there からは［t］音が脱落し［ライ＿ゼァ］のように発音される。

ダイアローグ 1

A Hurry up! The meeting is about to start!
急いで！ミーティングがもう始まるわよ！

B I'll be right there.
すぐに行くよ。

ダイアローグ 2

A Excuse me. I need some help in the menswear department.
すみません。紳士服コーナーで手助けが欲しいんです。

B I'll be right there. Just let me finish helping this customer.
すぐに参ります。こちらのお客さまのお手伝いだけ終えさせてください。

ダイアローグ 3

A Did you just call me?
いま電話くれたかな？

B Yeah. I was wondering where you were at? You were supposed to be here at one o'clock.
うん。あなたがどこにいるのかと思って。1時にはここに来ているはずだったわよね。

A I'll be right there. I just got stuck in some traffic.
すぐに行くよ。渋滞にちょっと捕まってたんだ。

086 僕が出るよ。

I'll get it.

［アイゥ ゲッディ［リ］ッ（ト）］

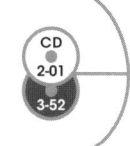

◀フレーズの解説▶

get はここでは「受ける；出る」という意味。I'll get it. は、玄関先にだれかが来たときや、電話がかかってきたときに、「僕が出るよ」という意味で使われるネイティヴ・フレーズ。

◀音声変化の解説▶

get it の 2 語が連結し、連結部で弾音化が起こるため［ゲッディ［リ］ッ（ト）］という発音になる。末尾の［t］音も弱まったり、脱落しやすい。

ダイアローグ 1

A I think there's somebody at the door.
玄関にだれか来てるよね。

B **I'll get it.** It's probably the pizza delivery guy.
私が出るわ。たぶんピザの配達員さんよ。

ダイアローグ 2

A Can you answer the phone? I've got my hands full at the moment.
電話に出てくれる？ いま手が離せないの。

B Sure. **I'll get it.**
いいよ。僕が出るよ。

ダイアローグ 3

A The doorbell's ringing. Are we expecting someone?
玄関の呼び鈴が鳴ってるね。だれか来るんだっけ？

B It's probably the FedEx package I've been waiting for. I'm about to step into the shower though.
たぶん私が待ってるフェデックスの荷物よ。でも、いまシャワーを浴びようとしてるのよ。

A No problem. **I'll get it.**
大丈夫、僕が出ておくよ。

087 君に任せるよ。

I'll leave it/that up to you.

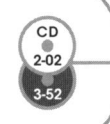

[アイゥ リーヴィダ［ラ］ッ＿トゥユ／アイゥ リーヴ ザッダ［ラ］ッ＿トゥユ]

◀ フレーズの解説 ▶
だれかになにかの判断などをゆだねて任せるときに用いられるネイティヴ表現。leave は「残す」。leave it/that up to you は「それを君に残す」→「君に任せる」ということ。

◀ 音声変化の解説 ▶
leave it up の 3 語が連結し、[リーヴィダ［ラ］ップ] と発音される。it と up の連結部は弾音化し音が跳ねる。また、up to では [p] + [t] と破裂音が連続するため [p] が脱落しやすい。that up to のほうは、that up の連結部で [t] 音が弾音化する。

ダイアローグ 1

A What should we do about dinner tonight?
今夜の夕食はどうしましょうね？

B **I'll leave it up to you.** If you want to eat out, just let me know and I'll meet you there.
君に任せるよ。外食がしたければ、教えてくれれば、そこまで行くから。

ダイアローグ 2

A How do you want to handle this customer complaint?
この顧客の苦情にどういうふうに対処したいんですか？

B **I'll leave that up to you.** I trust your ability to take care of it on your own.
それは君に任せるよ。君の能力なら、自分だけでなんとかできると信じているよ。

ダイアローグ 3

A What color should we paint the living room?
リビングは何色で塗るべきかしら？

B **I'll leave that up to you.** You know I don't have a clue about interior decorating!
君に任せるよ。僕がインテリア装飾に完璧に疎いのはわかってるよね。

088 死ぬほど退屈なんだよ！

I'm bored out of my mind!

[アイム ボーァド アウダ［ラ］__マイ マイン（ド）]

◀フレーズの解説▶
死ぬほど退屈な場面でよく使われるネイティヴ・フレーズ。bored は「退屈した」。out of my mind は「頭が変になるほど」という強調のフレーズ。

◀音声変化の解説▶
out of が連結、弾音化し［アウダ［ラ］ヴ］と発音されるが、of の［v］音も多くの場合脱落する。また、文末の mind の［d］音も聴こえにくい。

ダイアローグ 1

A Hey Jen. What are you up to?
ねえ、ジェン。いま、なにしてるの？

B I'm just sitting here watching TV. **I'm bored out of my mind!**
座ってテレビを観てるだけ。死ぬほど退屈してるのよ。

A Me too. Let's go for a drive.
同じだね。ドライブに行こうよ。

B I'd love to.
いいわね。

ダイアローグ 2

A I'm thinking about going to the fireworks show by the lake this evening. You want to come along?
今晩、湖畔の花火大会に行こうと思ってるんだ。いっしょに来るかい？

B Sure! **I'm bored out of my mind.**
もちろん！死ぬほど退屈してるのよ。

ダイアローグ 3

A How was your day at work today?
今日は仕事どうだったの？

B We were so slow. **I was bored out of my mind!** It's been that way a lot lately.
すごく暇だった。死ぬほど退屈してたの。最近はけっこうそんな感じなの。

089 もう夢中だよ。；最高だよ。

I'm crazy about it.

[アイム クレイジー アバウディ［リ］ッ（ト）]

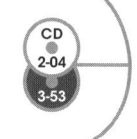

◀ **フレーズの解説** ▶
crazy は「正気でない」という意味から「夢中になって」という意味に転じて使われている英単語。crazy の代わりに、nuts や wild などの形容詞を使用しても同じニュアンスの言い回しになる。

◀ **音声変化の解説** ▶
about と it が連結し、連結部が弾音化するため［アバウディ［リ］ッ（ト）］という発音になる。末尾の破裂音［t］も脱落しやすい。

ダイアローグ 1

A Have you seen that new show with Jennifer Anniston?
ジェニファー・アニストンが出てる新しい番組は観たことある?

B **I'm crazy about it.** I watch it every single night.
夢中になってる。毎晩、観てるの。

ダイアローグ 2

A You bought the new GameStation, right? What do you think?
新しいゲームステーション買ったんだよね? どう?

B **I'm crazy about it.** There are so many awesome new features.
もう夢中だよ。すごい新機能がものすごくたくさん詰まってるんだ。

ダイアローグ 3

A How do you like my idea for the company Christmas party this year?
今年の会社のクリスマス・パーティーについての私のアイデアはどう?

B **I'm crazy about it.** I think it's a great idea. I can't wait to propose it to management.
最高だよ。すごいアイデアだと思うよ。経営陣に提案するのが待ちきれないよ。

090 本気で言ってるんだ。

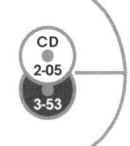

I mean it.
[アイ ミーニッ(ト)]

◀ **フレーズの解説** ▶
I mean it. は「それを意味している」→「ほんとうにそう思っている」ということ。「冗談などではなく本気だ」「本気で言っているんだ」と真剣であることを伝えるネイティヴ・フレーズ。

◀ **音声変化の解説** ▶
meanとitが連結し［ミーニッ(ト)］と発音されるが、末尾の［t］音も弱化したり脱落したりする。

ダイアローグ 1

A If your grades don't start to improve I'm not going to keep paying for your tuition.
成績が上がらないようなら、授業料を払い続けるわけにはいかないわ。

B Yeah yeah.
へえ、そう。

A **I mean it.**
真剣に言ってるのよ。

ダイアローグ 2

A If I ever catch you looking through my things again our friendship is finished. **I mean it.**
僕のものを覗いてるのをもう一度見つけたら、僕らの友情は終わりだからね。大まじめだからな。

B I'm sorry. I know it was a terrible thing to do.
ごめん。ひどいことをしちゃったわ。

ダイアローグ 3

A I think I'm going to quit school and join the Army.
学校をやめて軍に入隊しようと思ってるんだ。

B You're not serious!?
冗談でしょ?

A **I mean it.** I've been thinking about this for a long time.
真剣だよ。このことは、ずっと考えてきたんだよ。

091 もう飽き飽きだ！

I'm fed up!

[アイム フェダ［ラ］ッ（プ）]

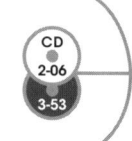

◀フレーズの解説▶

fed up は「もう十分餌を与えられた」というもとの意味から転じて「これ以上耐えられない；我慢できない」「もう飽き飽きだ」という意味で使われているフレーズ。類似表現には、I can't take it anymore!「もう耐えられないよ！」などがある。

◀音声変化の解説▶

fed up は連結して［フェッダップ］という発音になるが、［フェダ［ラ］ップ］と弾音化する場合もある。末尾の［p］音も脱落することがある。

ダイアローグ 1

A Why are you so upset!?
なにをイライラしてるの？

B **I'm fed up.** This is the third time this week my boss has asked me to stay late and help him, but he won't pay me overtime!
もう飽き飽きだ。これで今週3日目なんだよ。上司が遅くまで残って手伝えって言うんだ。でも残業代は出ないんだよ！

ダイアローグ 2

A Who are you going to vote for in the elections this year?
今年の選挙ではだれに投票するつもり？

B I don't think I'm going to vote at all. **I'm fed up** with politicians.
投票なんかしないつもりだよ。政治家にはもう我慢ならないんだよ。

ダイアローグ 3

A I heard you put in your two weeks' notice. Why are you quitting?
退職願を出したんですって？どうして辞めちゃうの？

B **I'm fed up** with this job. I need to find something more challenging.
この仕事には飽き飽きなんだ。もっとやりがいのあることを見つけなきゃダメなんだ。

092 なんとかやってる。

I'm getting by.
[アイム ゲッディ[リ]ン＿バイ]

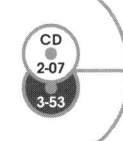

◀フレーズの解説▶
get by は「なんとかうまくやる」という意味。I'm getting by. は「まあなんとかやってるよ」といったニュアンスのひとこと。

◀音声変化の解説▶
getting の [t] 音が弾音化して [ゲッディ[リ]ング] と発音される。また、getting と by の連結部で [g] + [b] と破裂音が連続するため、[g] 音が脱落する。

ダイアローグ 1

A How's it going, Jerry?
ジェリー、調子はどう?

B I'm still recovering from my surgery. But **I'm getting by**. How about you?
まだ手術から回復してるところ。でも、なんとかね。そっちはどう?

ダイアローグ 2

A How have you been doing since the divorce?
離婚のあと、どうしてる?

B **I'm getting by.** It's tough trying to work and take care of the kids though.
なんとかね。けど、仕事と子育ての両立をするのは大変だよ。

ダイアローグ 3

A How are you doing in school?
学校のほうはどう?

B **I'm getting by.** I have a tough schedule this semester though. I'm taking five different core classes.
なんとかやってるよ。今期は厳しいスケジュールだけどね。5つの必修科目を取ってるんだよ。

093 ぞっこんなんだ。

I'm head over heels.
［アイム ヘッド［ロ］ウヴァー ヒーゥズ］

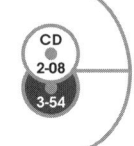

◀**フレーズの解説**▶
head over heels は「真っ逆さまに」という意味だが、これは heels over head というもとの語順が逆転して使用されるようにものになったもの。さらに head over heels in love というフレーズで、「逆さになるくらいものすごく惚れ込んでいる」様子を表すが、そこから in love が省かれたのがこのフレーズ。

◀**音声変化の解説**▶
head over が連結して［ヘッド［ロ］ウヴァー］と発音されるが、連結部は弾音化する場合もある。

ダイアローグ 1

A How do you like the new house?
新しい家はどう?

B **I'm head over heels.** I love having my own garage the most.
惚れ込んでるわ。自分のガレージがあるのが最高よ。

ダイアローグ 2

A Jim told me you got promoted. How do you like the new position?
ジムにあなたが昇進したって聞いたわよ。新しい役職はどう?

B **I'm head over heels.** I can finally use the skills I learned in college.
いいね。ついに大学で学んだスキルが活かせるよ。

ダイアローグ 3

A I heard your brother finally joined that golf club he always wanted to. How does he like it?
お兄さん、ついに入りたがってたゴルフ・クラブに入ったんだってね。気に入ってる?

B **He's head over heels.**
もう滅茶苦茶気に入ってるわ。

094 ピンチなんだよ。

I'm in a pinch.
［アイム イナ ピンチ］

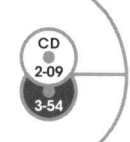

◀ **フレーズの解説** ▶
pinch は日本語にもなっているが「ピンチ；窮状」という意味。be in a pinch で「ピンチに陥っている；ひどく困っている」という意味になる。

◀ **音声変化の解説** ▶
in a で音が連結して［イナ］と発音される。

ダイアローグ 1

A I need your advice. **I'm in a pinch.**
アドバイスが欲しいの。もう困り果ててるの。

B What's wrong?
どうしたの？

A I think my husband is having an affair but I don't know what to do about it.
夫が浮気してると思うんだけど、どうしたらいいかわからないの。

ダイアローグ 2

A **I'm in a pinch.** Can you loan me twenty bucks?
ピンチなんだよ。20ドル貸してもらえないかな？

B Sure. That's no problem.
もちろん、問題ないわよ。

A I'll pay you back tomorrow.
明日には返すからさ。

ダイアローグ 3

A I need your help. **I'm in a pinch.**
助けてよ。ピンチなの。

B What's the problem?
どうしたのさ？

A I need to fill out this form online but my laptop is acting up.
ネットでこのフォームに記入したいのよ。でも、ラップトップの動きがおかしいの。

095 マンネリなんだよ。

I'm in a rut.
[アイム イナ ラット]

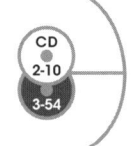

◀**フレーズの解説**▶
rut は「轍（わだち）; 車の通ったあとの溝」という意味。in a rut は「轍にハマって動けない状態だ」が直訳だが、実際は「マンネリになっている」「行き詰まっている」といった意味合いで使われている。

◀**音声変化の解説**▶
このフレーズでも in a が連結して［イナ］と発音される。

ダイアローグ 1

A Did you finish the rough draft of your book yet?
君の本の原稿のラフはもうできたの？

B No. **I'm in a rut.** I just can't seem to get motivated.
いや。行き詰まっちゃって。意欲が湧いてこない感じなの。

ダイアローグ 2

A You really need to change your lifestyle. All you do is work and go to the bar.
あなた、自分の生活スタイルを変えないとね。あなたのしてることは仕事とバーに行くことばかりじゃない。

B I know. **I'm in a rut.** I really need to find a hobby or something.
そうなんだ。マンネリなんだよ。ホント、趣味かなにかを見つけないとダメなんだよ。

ダイアローグ 3

A I'm thinking about going back to school.
学校に戻ることを考えているんだ。

B Why? You already have your degree?!
どうして？ もう学位をもっているじゃない？

A **I'm in a rut** with my career. I need to make a change.
キャリアで行き詰まっちゃって。変化が必要なんだよ。

096 乗ってるぜ！

I'm on a roll!

[アイム オナ ローゥ]

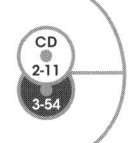

◀フレーズの解説▶
roll は「転がり；回転」という意味。be on a roll では「うまく回転している」→「うまくいっている；乗っている」といった意味になる。

◀音声変化の解説▶
on a roll は、on と a が連結して［オナ］と発音。末尾の［l］音は［ゥ］のような音に聴こえやすい。

ダイアローグ 1

A Where did you get all that money?!
どこでそんな大金を手に入れたの？

B Playing pachinko.
パチンコだよ。

A You won again?!
また勝ったの？

B Yep. **I'm on a roll.**
うん。乗ってるんだよね。

ダイアローグ 2

A That's the third game you won in a row!
3試合連続で君の勝ちだよね。

B What can I say? **I'm on a roll.**
そうねえ。私、乗ってるのよ。

ダイアローグ 3

A First you get awarded salesperson of the year. Then you score the biggest account in company history! That's incredible!
まず、年間優秀セールス・パーソンに選ばれてさ。その次に会社始まって以来の大口顧客をつかんだよね！信じられないよ。

B Yeah. **I'm on a roll.**
うん。私、超、乗ってるのよ。

097 帰るね。

I'm out of here.
[アイム アウダ [ラ] ヒァ]

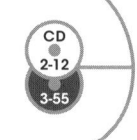

CD 2-12
3-55

◀**フレーズの解説**▶
I'm out of here. は「私はここを出る」が直訳。実際は、自分がある場所から帰ることを宣言したいときに使える表現で、「帰るね；帰るから」といったニュアンスになるネイティヴ・フレーズ。

◀**音声変化の解説**▶
out of の連結部で弾音化が起こるため［アウダ［ラ］（ヴ）］という発音になるが、of の［v］音も省略されることが多い。そのため、発音に近い綴りで outta と表記されることもある。

ダイアローグ 1

A Aren't you going to stay and have another drink?
残ってもう1杯飲んでいかないの？

B Nope. **I'm out of here.** I need to be at work early tomorrow.
いや。帰るよ。明日は仕事で早く行かないとダメなんだ。

ダイアローグ 2

A It's five-thirty. **I'm out of here.** I'll see you on Monday.
5時半だね。帰るよ。また月曜日に。

B Have a good weekend.
いい週末をね。

A You too!
そっちもね！

ダイアローグ 3

A This is ridiculous. We've been waiting for a waitress for ten minutes. I'm going somewhere else.
バカバカしい。もう10分もウェイトレスを待ってるよ。どこかほかへ行くよ。

B I like this place though!
でも私はここが好きなの！

A Well ... **I'm out of here.** Stay if you want.
う〜ん…僕は出るよ。君がいたいのなら、いればいいよ。

098 もうボロボロ。; ヘトヘト。

I'm worn out.
[アイム ウォーナウ(ト)]

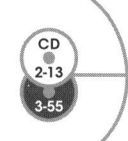

◀**フレーズの解説**▶
wear out は「すり切れる;すり減る」という意味のフレーズ。I'm worn out. は「私はすり切れた」ということなので「もうヘトヘトだ;ボロボロだ」といった意味合いになる。

◀**音声変化の解説**▶
worn out は音の連結が起こって[ウォーナウ(ト)]と1語のように発音される。out の[t]音も脱落しやすい。

ダイアローグ 1

A You look beat.
ヘトヘトみたいね。

B Yeah. **I'm worn out.** My flight got delayed due to weather and I had to spend all night last night at the airport.
うん。もうボロボロ。天候のせいでフライトが遅れて、昨夜はひと晩、空港で過ごさなきゃならなかったんだよ。

A That's rough.
運が悪いわね。

ダイアローグ 2

A Do you want to come with us to the bar after work?
仕事のあとで、いっしょにバーに行きたい?

B Thanks, but **I'm worn out.** I did an all-nighter at the office last night.
ありがとう、でもヘトヘトなの。昨夜はオフィスで徹夜しちゃったから。

ダイアローグ 3

A I'm going to bed. 寝るよ。

B Really?! It's still early.
え?まだ早いわよ。

A **I'm worn out.** I had a long day at work. I can hardly keep my eyes open.
ヘトヘトなんだ。仕事が大変だったんだ。もう目も開けていられないんだよ。

099 ホントにがっかりさせちゃったね。

I really let you down.
[アイ リャリー レッチュー ダウン]

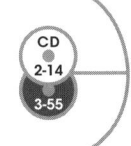

◀**フレーズの解説**▶
let someone down は「…をがっかりさせる」という意味になるフレーズ。I really let you down. は「ほんとうに君をがっかりさせちゃったね」「がっかりさせてすまない；申し訳ない」といった気持ちが伝わるネイティヴ・フレーズ。

◀**音声変化の解説**▶
let you の2語は連結して［t］＋［j］が［チュ］という発音に変化するため［レッチュー］のように聴こえる。

ダイアローグ 1

A I know you're upset that I didn't call you on Father's Day.
父の日に電話しなかったから怒ってるでしょ。

B It's alright. I know you're busy.
大丈夫だよ。忙しかったんだろう。

A **I really let you down.** I'm sorry.
がっかりさせちゃったね。ごめんね。

ダイアローグ 2

A I know I was late again yesterday.
昨日はまた遅れてしまって。

B I've warned you repeatedly about that. Company rules are that you be here at 8:30 a.m. sharp!
そのことは何度も警告したよね。会社の規則では、君は8時半きっかりにここに来ているべきなんだよ！

A **I really let you down.** I promise I won't do it again.
ほんとうにがっかりさせてしまい、すみません。二度としないと約束しますので。

ダイアローグ 3

A You promised that you were going to take the kids to the zoo yesterday! How can you not show up like that?!
昨日、子どもを動物園に連れていくって約束したじゃないの！どうして現れないなんてことができるのよ！

B **I really let you down.** I'm sorry.
がっかりさせて、ごめんね。

A You let the kids down. They were so disappointed!
子どもをがっかりさせたのよ。ひどくがっかりしてたわよ。

100 やっちゃった。

I screwed up.
[アイ スクルーダ[ラ]ップ]

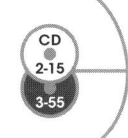

◀フレーズの解説▶
screw up は「へまをやる；しくじる；失敗する」といった意味になるネイティヴ・フレーズ。mess up や slip up, fuck up なども同じ意味になるフレーズなのでいっしょに覚えておくといいだろう。

◀音声変化の解説▶
screwed up の部分で連結が起こり[スクルーダップ]のように発音される。連結部で弾音化が生じ[スクルーダ[ラ]ップ]のような発音になる場合もある。

ダイアローグ 1

A How did your interview go?
面接はうまくいったの？

B **I screwed up.** I told them why I quit my last job. I know they didn't want to hear that.
しくじっちゃった。どうして前の仕事を辞めたのか話したんだ。先方はそんなこと聞きたくはなかったと思うんだ。

ダイアローグ 2

A Why aren't you and Machiko together any more?
どうしてもうマチコとはいっしょにいないの？

B **I screwed up.** She caught me texting an old girlfriend.
やっちまったんだよ。昔の彼女にショート・メール打ってるのを見つかってさ。

ダイアローグ 3

A I'm going to have to cancel our date tonight.
今晩のデート、キャンセルしないとダメなの。

B Why?!
どうしてさ？

A **I screwed up** at work. I accidentally deleted a report file and have to write it all over again. I'll be at the office all night!
仕事でへまをやっちゃったの。偶然、報告書のファイルを消しちゃって、最初から書き直さないとダメなの。オフィスで徹夜になるの。

①◎❶ それだけですか?

Is that it?

[イズ ザッディ［リ］ッ（ト）]

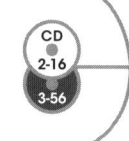

◀フレーズの解説▶
相手の用件などがそれで終わりかどうかを確認するときに使うネイティヴ・フレーズ。このフレーズの it は「すべての用件」といった含蓄。Is that it? は「それはすべての用件ですか?」→「（用件は）それだけですか?」ということ。

◀音声変化の解説▶
that と it の連結部で [t] が弾音化するため、[ザッディ［リ］ッ（ト）] という発音になる。末尾の [t] 音も脱落しやすい。

ダイアローグ 1

Ⓐ I got your text message. What did you want to talk about?
ショート・メールをもらったけど、なにを話したかったの?

Ⓑ I just wanted to see how you were doing.
あなたが、どうしてるのか知りたかっただけよ。

Ⓐ **Is that it?** それだけ?

ダイアローグ 2

Ⓐ I have a big favor to ask you.
君に大事な頼み事がしたいんだよ。

Ⓑ What do you need? どうしたの?

Ⓐ I need to borrow your tablet for a few minutes to check something on line.
ネットでちょっと調べ物がしたいから、数分タブレットを貸してほしいんだ。

Ⓑ **Is that it?** That's no problem.
それだけ? 全然いいわよ。

ダイアローグ 3

Ⓐ I'm going to the supermarket. Do you need anything?
スーパーに行くけど、なにかいる?

Ⓑ Yeah. Get me a case of beer.
うん。ビールを1ケース買ってきてよ。

Ⓐ **Is that it?** You don't need anything else?
それだけ? ほかにはなにもいらないのね?

❶⓪❷ あり得ないよ。

It can't be.
［イッ＿キャン＿ビ］

◀フレーズの解説▶
can't be は「…であることはできない」→「…であるはずはない」→「あり得ない」ということ。

◀音声変化の解説▶
it can't be の 2 カ所の連結部では、いずれも破裂音の連続があるため、2 カ所で [t] 音が脱落して [イッ＿キャン＿ビ] という発音になりやすい。短く速く話されるので聴き取りが難しい。

ダイアローグ 1

A I'm sorry, sir. Your flight has been cancelled.
申し訳ありません、お客さま。あなたのフライトがキャンセルになりまして。

B **It can't be!** I absolutely have to be in New York City tonight for a very important meeting!
あり得ないよ! とても重要なミーティングがあるから、今晩は絶対にニューヨークにいないとダメなんですよ!

ダイアローグ 2

A We know it was your brother who tried to rob the bank last night. We need to know where he is.
昨夜、銀行強盗をしようとしたのが君の兄弟だということはわかっています。彼の所在を教えてください。

B **It can't be!** He would never do anything like that.
あり得ないわ! 彼はそんなことをする人間じゃないんですよ。

ダイアローグ 3

A We are going to have to cut back on spending this year due to budget cuts. That means the prom is canceled.
予算削減の影響で、今年は支出を抑えなければなりません。ということで、プロムは中止になります。

B **It can't be!** We've never canceled a prom in the history of the school!
あり得ません! 学校の歴史の中でプロムをやらなかったことはないんですよ!

103 思い当たらないな。；ピンとこないな。

It/That doesn't ring a bell.
[イッ＿／ザッ＿ダズン＿リンガ ベゥ]

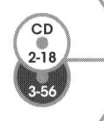

◀ フレーズの解説 ▶
ring a bell は「ベルを鳴らす」が直訳だが、実際は「思い当たる；ピンとくる」といった意味合いになるフレーズ。

◀ 音声変化の解説 ▶
it/that doesn't ring では it/that や doesn't 末尾の [t] 音が脱落し [イッ＿／ザッ＿ダズン＿リング] という発音になる。ring a も連結し [リンガ] と 1 語のように聴こえることもある。

ダイアローグ 1

A Have you ever heard of a restaurant in NYC called The American Kitchen and Bar?
「アメリカン・キッチン・アンド・バー」というニューヨークにあるレストランのことは聞いたことはある？

B **It doesn't ring a bell.** What is it?
思い当たらないな。それってなんなの？

A It's supposed to be run by the celebrity chef Guy Fieri.
ガイ・フィーエリっていう超有名シェフが経営してるはずなのよ。

ダイアローグ 2

A Do you remember the name of that sales rep we met at the convention in Vegas last year? Jim Stone, I think it was.
去年ベガスのコンベンションで出会った営業マンの名前は覚えてる？ ジム・ストーンだったと思うんだけど。

B **That doesn't ring a bell.** I'll go through my business cards and see if I can find something.
ピンとこないな。名刺をチェックして、なにか見つかるか探してみるよ。

ダイアローグ 3

A Does the date November 31, 1987 mean anything to you?
1987 年の 11 月 31 日はあなたにとってなにか意味のある日？

B **That doesn't ring a bell.** Should I know it?
ピンとこないな。知ってなきゃダメな日？

A That's the day we got engaged. How could you forget that!!
私たちが婚約した日よ。どうやったら忘れられるのよ！

104 まだ実感がわかないよ。

It hasn't sunk in yet.

[イット ハズン(ト) サンキン イェッ(ト)]

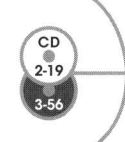

◀フレーズの解説▶
sink in は「沈み込む」がもとの意味。ここから転じて「事態などを呑み込む；実感する；理解する」という意味で使われるネイティヴ・フレーズ。It hasn't sunk in yet. では「まだ実感が湧いてこない」といった意味合いになる。

◀音声変化の解説▶
hasn't 末尾の [t] 音は脱落しやすい。sunk in は音が連結して［サンキン］に近い発音になる。yet の [t] 音も脱落することがある。

ダイアローグ 1

A What are you going to do with all that money now that you won the lottery?
宝くじで当てた大金はどうするつもりなの？

B I haven't really thought about it. **It hasn't sunk in yet.**
まだよくは考えてないんだ。まだ実感が湧かなくてさ。

ダイアローグ 2

A I heard you won the Nobel Prize for your research in genetics! Congratulations!
遺伝学の研究でノーベル賞を取ったって聞いたわよ！おめでとう！

B Thanks. They called me last week, but **it hasn't sunk in yet**.
ありがとう。先週電話がかかってきたんだけど、まだ実感が湧かないんだ。

A It must be pretty overwhelming.
ものすごいことなんでしょうね。

ダイアローグ 3

A I just can't believe that Tom is gone. He was in the prime of his life!
トムがなくなったなんて信じられないの。人生の真っ盛りだったのよ！

B I know. I keep looking over at his desk expecting him to be there. **It hasn't sunk in yet.**
そうだよね。彼がそこにいるんじゃないかと思って、何度もデスクのほうを眺めちゃうよ。まだ呑み込めないよね。

105 すごく似合うよ。

It looks great on you.
[イッ_ルックス グレイド [ロ] ニュー]

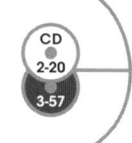

◀**フレーズの解説**▶
ネイティヴが相手の服装など身につけているものをほめるときによく使うひとこと。look great on ... で「…にすごく似合っている」という意味。

◀**音声変化の解説**▶
it の [t] 音が脱落しやすい。また great on の部分では [t] 音の弾音化が起こり [グレイド [ロ] ン] という発音になる。

ダイアローグ 1

A What do you think about this sun dress I bought?
私が買ったこのサン・ドレス、どう思う?

B **It looks great on you!** I like those shoes too!
よく似合ってるよ! その靴もいいね!

ダイアローグ 2

A Is that a new suit?
それって、新しいスーツ?

B Yeah. I had it tailor-made when I was in Hong Kong. I got it for almost nothing!
うん。香港にいたときに仕立ててもらったんだ。ただみたいな値段だったよ!

A **It looks great on you.**
すごく似合ってるわ。

ダイアローグ 3

A Where did you find that necklace?! **It looks great on you!**
そのネックレス、どこで見つけたの? すごく似合ってるね。

B I found it in a pawn shop. I loved it the moment I saw it.
質屋さんで見つけたんだけどね。見た瞬間に気に入っちゃったの。

106 遅いよ！

It's about time!
[_ッツァバウ_タイム]

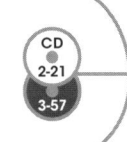

◀**フレーズの解説**▶
It's about time! は「そろそろそんな時間よね」が直訳だが、実際は、なにかに時間がかかりすぎているときに皮肉を込めて「遅すぎだよ」というニュアンスで使われるひとこと。

◀**音声変化の解説**▶
it's about は it's の [I] 音が脱落、さらに about と連結し、[_ッツァバウト] という発音になることがある。about time では [t] 音が連続するため片方が脱落し [アバウ_タイム] となる。

ダイアローグ 1

A Here's the money you loaned me last week. Thanks again.
先週、君が貸してくれたお金だよ。ホントにありがとうね。

B **It's about time!** You were supposed to pay me back on Friday!
遅いわよ！金曜には返してくれるはずだったでしょ！

ダイアローグ 2

A I heard that the company is finally going to hire some new people for our department.
やっと会社がうちの部署のために新人を雇うって聞いたわ。

B **It's about time!** We've been understaffed for months!
遅いよ！もう何カ月も人手不足なんだから！

ダイアローグ 3

A I read on the internet that the next installment of The Hobbit is going to be released this fall.
『ホビット』の次の巻がこの秋に出るってネットで読んだよ。

B **It's about time!** The first part came out over a year ago!
遅いよ！最初のところは1年以上前に出たんだよね！

❶⓪❼ バッチリ。;楽勝だよ。

It's in the bag.
[__ッツ イナ バッグ]

◀フレーズの解説▶
in the bag は「バッグの中に入っている」が直訳。実際は「もう大丈夫だと決まっている；勝ったも同然；もうできた」といったニュアンスになる。

◀音声変化の解説▶
it's の頭の [ɪ] 音が脱落することがある。また、in the は [n] + [ð] の連続で同化が起こり [n] 音に変化した結果、[イナ] という発音になることがある。

ダイアローグ 1

A These negotiations are very important for our company. Are you sure you're ready?
この交渉はうちにとって非常に重要なのよ。ほんとうに準備は大丈夫？

B **It's in the bag.** Don't worry about it.
バッチリです。心配はいりませんよ。

ダイアローグ 2

A What do you think your chances are of winning the election?
あなたが選挙に勝てる可能性はどうなの？

B **It's in the bag.** With these poll ratings there's no way I can lose.
楽勝だよ。この世論調査の結果では、僕が負ける目はまったくないよ。

ダイアローグ 3

A Do you think we can win the bid on that new construction project?!
あの新しい建設プロジェクトは落札できると思う？

B Trust me. **It's in the bag.**
信じてください。バッチリですよ。

108 たいしたことじゃないよ。

It's no big deal.
[（イ）ッツ ノウ ビッ＿ディーゥ]

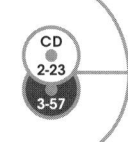

◀ **フレーズの解説** ▶
big deal は「大きな取引」が直訳。実際には「大変なこと；大きな問題」といった意味。この表現では It's no big deal. と否定で用いられているため「たいしたことじゃないよ」といった意味になる。

◀ **音声変化の解説** ▶
big deal では［g］＋［d］と破裂音が連続するため、［g］音が脱落する。

ダイアローグ 1

A I want to thank you for taking me under your wing. Being new on the job, I was very unsure of myself.
面倒を見ていただいてありがとうございます。仕事で日が浅いので、とても自信がなかったんですよ。

B **It's no big deal.** I was new like you once too, you know.
たいしたことじゃない。僕だって、君のように新人だったんだしね。

ダイアローグ 2

A I know I told you I would come and watch your game tonight, but something has come up at work and I can't.
今夜は君の試合を観にいくって言ってたのに、仕事の都合で行けなくなったんだよ。

B **It's no big deal.**
たいしたことじゃないわ。

A It is to me. I'll make it up to you, I promise.
僕には重要なんだよ。絶対、君に償いはするからね。

ダイアローグ 3

A Thanks so much for the baseball tickets. We really had a blast!
野球のチケットありがとう。すごく楽しかったよ！

B **It's no big deal.** I couldn't use them anyway.
たいしたことないさ。いずれにしても僕は使えなかったんだから。

109 私ではお役に立てないんです。

It's out of my hands.
[イッツ アウダ [ラ] (ヴ) マイ ハンズ]

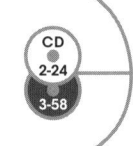

CD
2-24
3-58

◀ **フレーズの解説** ▶
out of one's hands は「自分の手の外にある」が直訳だが、実際は、頼りにしてくれている相手に向かって、「(自分の能力や協力できる範囲を超えているので) 自分はなにもできない；役に立てない」と告げるときに使う表現。

◀ **音声変化の解説** ▶
out of は連結部で弾音化が起こり [アウダ [ラ] ヴ] と発音されるが、末尾の [v] 音も脱落し [アウダ [ラ] ＿] という発音になることもある。

ダイアローグ 1

A I just don't understand why I can't get a mortgage loan from you. I have been banking with this bank for ten years!
どうして、私がおたくから住宅ローンを借りられないのかわかりません。こちらの銀行に10年間、貯蓄しているんですよ!

B I'm sorry. **It's out of my hands.**
すみません。私ではお役に立てないのです。

ダイアローグ 2

A I purchased this product last week and I want it replaced. It was broken when I bought it.
先週この製品を買ったのですが、交換をお願いします。買ったときには壊れていたんですよ。

B I'm sorry ma'am. That was a sale item so there are no refunds or returns. **It's out of my hands.**
申し訳ありません、お客さま。セール品ですので、返金や返品はできないんです。私にはどうにも。

A Well I want to speak to a manager!
じゃあ、マネージャーを呼んでください!

ダイアローグ 3

A The surgery went as well as can be expected.
手術は可能な限りうまくいきました。

B Is he going to be okay?
彼は大丈夫でしょうか?

A **It's out of our hands** now. All we can do is wait and see.
私もなんとも言えません。私たちには、待つことしかできないんですよ。

110 この世のものではないよ！

It's out of this world!

[イッツ アウダ＿ズィス ワールド]

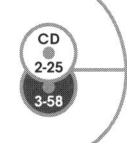

◀フレーズの解説▶
out of this world は「この世の外」が直訳。転じて「この世のものではないほどすばらしい；最高」という含蓄になるフレーズ。

◀音声変化の解説▶
out of は連結部で弾音化が起こり［アウダ［ラ］ヴ］と発音されるが、末尾の［v］音も脱落し［アウダ［ラ］＿］という発音になりやすい。

ダイアローグ 1

A Have you ever had deep-fried turkey?
七面鳥のフライを食べたことはある？

B No. Is it good?
いいえ、おいしいの？

A **It's out of this world!** You should try it sometime.
最高にすばらしいよ！ そのうち君も試してみるべきだよ。

ダイアローグ 2

A I've been wanting to go to that new Indian restaurant that's been getting rave reviews.
すごく評判がいいあのインド料理屋さんに行きたくて仕方ないの。

B We went there last week. **It's out of this world!**
僕らは先週行ったよ。この世のものではないくらいすばらしいよ！

ダイアローグ 3

A Have you been to that new art exhibit at the museum yet?
美術館でやってる新しい芸術展にはもう行ったの？

B Yes, and **it's out of this world!** They had more paintings by Monet than I have ever seen in one place before. You should definitely check it out.
うん。最高だよ！ 1カ所にあれほどたくさんモネの作品を集めているのは観たことないよ。絶対に観にいくべきだよ。

111 緊張してる。

I've got butterflies.

[アイ（ヴ）ガッ＿バダ［ラ］フライズ]

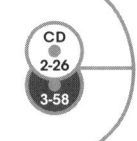

◀フレーズの解説▶

butterfly は、昆虫の「チョウ」のこと。have butterflies (in one's stomach) になると「緊張している；あがっている」という意味になる。緊張している様子を「胃の中にチョウがいる」と表現したもの。

◀音声変化の解説▶

I've の［v］音が脱落して［アイ＿］だけが残ることがある。また got butterflies では［t］+［b］と破裂音が連続するため［t］音が脱落する。さらに、butterflies の［t］音は弾音化しやすい。

ダイアローグ 1

A You're giving a presentation to the board of directors today, right?
今日、取締役会にプレゼンをするんだってね？

B Yeah. **I've got butterflies** in my stomach.
ええ。すごく緊張してるの。

A You'll do fine. I'm sure of it.
君は大丈夫だよ。僕が請け合うよ。

ダイアローグ 2

A Where's Jaime? It's her turn to sing.
ジェイミーはどこ？ 彼女が歌う番だよ。

B **She's got butterflies.** She just ran to the bathroom.
彼女、緊張してるのよ。いまトイレに走って行ったわ。

ダイアローグ 3

A Are you ready for your interview?
面接の準備はできてる？

B I think so. But **I've got butterflies**.
できてると思う。でも緊張してて。

A Drink some water. It'll help settle you down.
ちょっと水を飲みなよ。落ち着くからさ。

❶❶❷ 寝ないとダメ。

I've got to hit the hay.

［アイ（ヴ）ガッダ［ラ］ヒッ_ザ ヘイ］

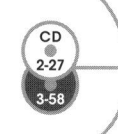

◀フレーズの解説▶
hay は「干し草」。hit the hay は「寝る；床に就く」という意味になる慣用句。hay の代わりに sack「寝袋」という単語を入れて hit the sack という言い方もする。hay も sack も、西部開拓時代によくベッド代わりに使われたもの。

◀音声変化の解説▶
I've の [v] 音が脱落して［アイ_］だけが残ることがある。また got to は［ガッ_トゥー］あるいは［ガッダ［ラ］］と変化する。hit the の連結部からは破裂音［t］が脱落しやすい。

ダイアローグ 1

A Monday night football is about to start. Are you going to watch it with us?
月曜の夜のアメフトが始まるよ。僕らといっしょに観るかい?

B **I've got to hit the hay.** I have to be up early tomorrow morning.
寝ないと。明日の朝は早起きなの。

ダイアローグ 2

A **I've got to hit the hay.** I have to be at the airport at five in the morning.
寝ないとダメ。明日は朝5時に空港にいないといけないの。

B Wow! That means you have to leave around three am right?
うわあ! ということは午前3時頃には出かけるってこと?

A You know it.
そうなのよ。

ダイアローグ 3

A We're about to start another game of mahjong. Are you playing?
麻雀の次のゲーム(半荘)を始めるよ。やる?

B No. **I've got to hit the hay**. I'm exhausted.
いや。寝なきゃダメ。ヘトヘトなのよ。

❶❶❸ 聞いたことあります。

I've heard of it.
[アイヴ ハーダ [ラ] ヴィッ (ト)]

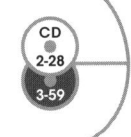

◀**フレーズの解説**▶
「聞いたことはある；聞いたことはありますね」といったニュアンスで、経験をたずねられたときの返事によく使われるひとこと。

◀**音声変化の解説**▶
heard of it が連なって発音され、[ハーダ [ラ] ヴィッ (ト)] のように聴こえる。heard 末尾の [d] 音は弾音化する場合もある。また、it の [t] も弱まったり脱落する傾向にある。

ダイアローグ 1

A Have you ever seen the movie The Terminator, with Arnold Schwarzenegger?
アーノルド・シュワルツェネッガーが出てる『ターミネーター』っていう映画は観たことある？

B **I've heard of it.** I've never seen it though.
聞いたことはあるけど、観たことはないわ。

ダイアローグ 2

A We went to a French restaurant for dinner last night and I tried escargot for the first time. Have you ever had it?
昨日の夜フレンチのレストランに行って、エスカルゴをはじめて食べてみたの。食べたことある？

B No. **I've heard of it.** But I'm not interested in eating snails!
いや。聞いたことはあるけど、カタツムリを食べることに興味はないよ！

ダイアローグ 3

A Have you ever heard of a bar called The Red Door?
「レッド・ドア」っていうバーは聞いたことあるかい？

B **I've heard of it.** I think it's in midtown. I've never been there though.
聞いたことはあるわ。ミッドタウンにあるんだと思うけど、行ったことはないわ。

❶❶❹ 決断したんだ。

I've made up my mind.

[アイ（ヴ）メイダ［ラ］ッ（プ）マイ マイン（ド）]

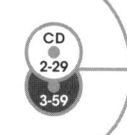

◀フレーズの解説▶
make up one's mind は「気持ちを決める」→「決断する」という意味。I've made up my mind. になると「決心したんだ；決めたんだよ」といったニュアンスになる。

◀音声変化の解説▶
made up は連結して［メイダ［ラ］ップ］と発音。[d] 音が弾音化する場合もある。I've の [v] 音や up の [p] 音、mind の [d] も弱まり、脱落する場合がある。

ダイアローグ 1

A I really don't think you should get married yet. You're still so young!
まだ君は結婚すべきじゃないとほんとうに思ってるんだよ。まだ若すぎるよ。

B I've made up my mind.
決めたのよ。

ダイアローグ 2

A Are you sure you want to take that job in Los Angeles? It's so far away!
ホントにロサンゼルスの仕事を受けることに決めたの？ものすごく遠いのよ！

B I've made up my mind. Besides, it's the best way to further my career.
決心したんだ。それに、自分のキャリアを追求するのにはベストなんだよ。

ダイアローグ 3

A Maybe you should try counseling before you file for a divorce. Have you thought about that?
離婚申請をする前に、カウンセリングを試してみたらどうかな。考えたことある？

B I've made up my mind. I'm not waiting any longer.
決心したのよ。もう先延ばしにはしないわ。

115 絶好調だよ。

I've never been better.

[アイ (ヴ) ネヴァ [ネァ] ビン ベダ [ラ] ー]

◀フレーズの解説▶
have never been better は「これまでにいま以上によかった (= better だった) ことはない」、つまり「最高だ;絶好調だ」ということ。

◀音声変化の解説▶
never been は短く [ネヴァビン] と発音されるが、[v] 音が脱落して [ネァビン] という発音になる場合もある。また、better では [t] 音が弾音化して [ベダ [ラ] ー] という発音になる。

ダイアローグ 1

A How are things with you, John?
ジョン、どうしてる?

B **I've never been better.** Business is good … the family is doing great. How about you?
最高だよ。仕事は調子がいいし…家族も元気にやってる。君のほうはどう?

ダイアローグ 2

A Long time no see. How've you been?
久しぶり。どうしてた?

B **I've never been better.** I quit smoking last year, and now I go to the gym four days a week.
絶好調だよ。タバコを去年やめて、いまは、週に4日ジムに通ってるよ。

A That's awesome!
それはすごいね!

ダイアローグ 3

A How have you been since your knee surgery?
膝の手術のあとはどうしてる?

B **I've never been better.** I feel twenty years younger now!
絶好調だよ。いまは20歳も若返ったようだよ。

❶❶❻ たいしたことないよ。

I've seen better.

[アイ(ヴ) スィーン ベダ [ラ] ー]

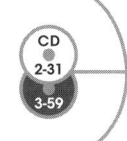

◀**フレーズの解説**▶
better は「さらによいもの」という意味。have seen better になると「さらによいものを見たことがある」、つまり「(いま見ているものは) たいしたものじゃない；たいしたことはない」という意味になる。

◀**音声変化の解説**▶
better の [t] 音が弾音化して [ベダ [ラ] ー] という発音になる。

ダイアローグ 1

A Was that a great baseball game last night or what?!
昨日の夜の野球はすごかったよね！

B I've seen better.
たいしたことないよ。

A Are you serious! I loved it!
冗談でしょ！私はすごいと思ったわ！

ダイアローグ 2

A What did you think about the movie?
映画はどう思った？

B I've seen better.
たいしたことないわね。

A It wasn't that good, huh? Maybe I'll just wait until it comes out on DVD then, and save the money.
それほどよくなかったの？それなら DVD になるまで待って節約しようかなあ。

ダイアローグ 3

A What's your impression of the Yankee's new rookie pitcher?
ヤンキースの新人投手の印象は？

B I've seen better. I have to admit though, he does have a lot of potential.
たいしたことないね。でも、彼にすごい可能性があることは認めざるを得ないけど。

117 そうなってほしかったんだ（皮肉）。；最悪だ。

Just what I needed.
［ジャス＿ワッダ［ラ］イ ニーディ［リ］ッ（ド）］

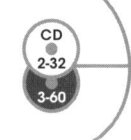

◀ **フレーズの解説** ▶
Just what I needed. は直訳すると「ちょうど私が欲しかったものだ」となるが、ここでは、もとの意味とは真逆に皮肉なニュアンスを含み「そんなもの欲しくなんかないよ；うれしくもなんともないよ；最悪だよ」といったニュアンス。

◀ **音声変化の解説** ▶
what I は2語の連結部で弾音化が起こり［ワッダ［ラ］イ］と変化する。また needed の［d］音も弾音化することがある。また、文頭の just の末尾の［t］音も脱落しやすい。

ダイアローグ 1

A Did you see the weather report on the news? They say there's a big snowstorm that's going to hit tonight.
ニュースの天気予報は見た？ 今夜はひどい吹雪になるって言ってたよ。

B **Just what I needed.** I have to fly to Chicago tonight for a meeting tomorrow.
最低だ。明日のミーティングのために、今夜はシカゴまで飛行機に乗るんだよ。

ダイアローグ 2

A The boss wants you to give the presentation at the conference this weekend.
ボスが君に、この週末の会議でプレゼンをしてほしいって。

B Great. **Just what I needed.** As if I'm not busy enough already.
最低。やりたくないって。俺だって一杯一杯なんだよ。

ダイアローグ 3

A Did you figure out why my car won't start?
どうして車が動かないのかわかる？

B Yep. You need a new alternator. It's going to cost you about $350.
うん。新しいオルタネーターが必要なんだよ。だいたい350ドルかかるよ。

A **Just what I needed.** I am barely making ends meet as it is.
最悪ね。いまは、ぎりぎりの生活をしてるのよ。

118 あきらめないで。；がんばって。

Keep at it.
[キープ アッディ［リ］ッ（ト）]

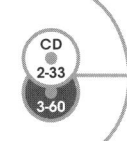

◀フレーズの解説▶
Keep at it. は「それをめがけて続けろ」が直訳だが、実際は、「根気よく続けて；あきらめないでがんばれ」という意味になるネイティヴ・フレーズ。同類の表現には、Stay at it. もある。

◀音声変化の解説▶
at it の2語は連結部で弾音化が生じ、［アッディ［リ］ッ（ト）］となるが、末尾の［t］音も脱落しやすい。

ダイアローグ 1

A I've been studying Japanese for almost a year now but I feel like I'm getting nowhere!
もう日本語の勉強をほぼ1年やってるけど、全然、上達してない気がするの。

B **Keep at it.** It takes a lot of practice.
あきらめないで。たくさんの練習が必要なんだよ。

ダイアローグ 2

A I can't seem to figure out this math problem. Can you help me?
この数学の問題わかりそうにないよ。手伝ってくれる？

B **Keep at it.** If you still can't get it by the end of class I'll help you with it.
がんばってよ。授業の終わりまでにわからなければ、手伝ってあげるわ。

ダイアローグ 3

A How far along are you on that translation?
その翻訳どのくらい進んでいるの？

B I should be done it about two hours.
あと2時間くらいで終わるはずだよ。

A **Keep at it.** The deadline to submit that to our Tokyo office is tonight.
がんばって。東京オフィスに提出する締め切りは今夜だからね。

119 その調子。

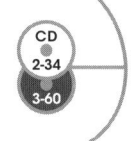

Keep it up.
[キーピッダ [ラ] ップ]

CD 2-34
3-60

◀フレーズの解説▶
Keep it up. は「それを高い状態で保ちなさい」が直訳。実際は「その調子；その調子でがんばって」と相手を激励する場面で使うネイティヴ・フレーズ。

◀音声変化の解説▶
3語が連結し、it と up の連結部では弾音化が起こるため、[キーピッダ [ラ] ップ] のように発音される。

ダイアローグ 1

A I just wanted to commend you on the job you've done your first month with the company. **Keep it up.**
会社での最初の1カ月の君のがんばりを、ちょっとほめたかったんだよ。その調子でがんばって。

B Thanks! That makes me feel good.
どうも! とてもうれしいです。

ダイアローグ 2

A That's the most quarterly sales we've ever posted!
これまでに達成した最高の四半期売上ですよ!

B Great job. **Keep it up.**
すばらしい。この調子で行こう。

ダイアローグ 3

A I've lost ten pounds in two weeks! I'm really excited about this new jazzercise class I'm taking.
2週間で10ポンドも減量したの。いま受けているジャザサイズのクラス、最高よ。

B I'm really proud of you. **Keep it up!**
君を誇りに思うよ。その調子!

❶❷⓪ またね。

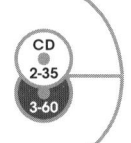

Later.
[レイダ [ラ] ー]

◀**フレーズの解説**▶
Later.「またね」は、See you later.「またあとで会いましょう；また今度」が短くなった表現。See you. と表現しても同じ意味になる。

◀**音声変化の解説**▶
later では [t] 音の弾音化が起こるため、[レイダ [ラ] ー] のように発音される。

ダイアローグ 1

A I've got to get going. I'll see you around.
そろそろ行かないと。またね。

B Later.
また。

ダイアローグ 2

A I'm going to call it a night. Have a good one, Jim.
今夜はここまでにするわ。おやすみ、ジム。

B Later Mary. Say hello to Sally for me.
またね、メアリー。サリーにもよろしく伝えてね。

ダイアローグ 3

A Have a good one, Mike.
じゃあね、マイク。

B Later. I'll give you a call sometime this week.
じゃあね。今週のどこかで電話する。

121 任せてよ。

Leave it to me.

[リーヴィッ_ドゥ[ル] ミ／リーヴィッ_タ ミ]

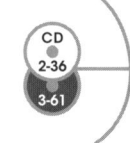

◀フレーズの解説▶
leave A to B は「A を B に任せる；残しておく」という意味。Leave it to me. は、「僕に任せて；任せなさい；なんとかするから大丈夫」と請け合うニュアンスになる。

◀音声変化の解説▶
it to で [t] 音が連続するため片方が脱落する。また to は [ドゥ[ル]] と弾音化したり [タ] と弱まったりする。

ダイアローグ 1

A The bank is threatening to foreclose on our house. I don't know what to do!

銀行がうちを差し押さえるって脅しをかけてきてるんだ。どうしたらいいんだろう？

B **Leave it to me.** I have a friend who specializes in refinancing. I'll talk to him for you.

任せておいて。友人がローンの借り換えのプロなのよ。彼に話をしてみるわ。

ダイアローグ 2

A We need someone to take care of our dog while we're on vacation. Can you do that for us?

休暇の間、だれかに犬の世話をやってもらわないといけないの。あなたにやってもらえないかな？

B **Leave it to me.**

任せておいて。

ダイアローグ 3

A It's very important that this package be hand-delivered to Mr. Tanaka of Unicorp.

この荷物は、ユニコープのタナカさんまで、必ず手渡しで持っていかないといけないんだ。

B **Leave it to me.** I'll make sure he gets it.

任せて。確実に渡すから。

122 僕に払わせて。

Let me get it.
[レッ＿ミー ゲッディ［リ］ッ（ト）]

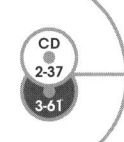

◀**フレーズの解説**▶
Let me get it. は「それを僕に取らせて」が直訳だが、実際は「僕に支払わせて」という意味になる。支払いの場面で、自分が相手の分までいっしょに支払いたい場面で使うネイティヴ・フレーズ。

◀**音声変化の解説**▶
let me では［t］が脱落し［レッ＿ミー］となる。get it の連結部では弾音化が起こるため［ゲッディ［リ］ッ（ト）］のように発音されるが、末尾の［t］音も弱まったり脱落しやすい。

ダイアローグ 1

A Wow! I can't believe they charge this much just for a couple of coffees!
うわあ! たったコーヒー2杯でこんなに料金を取るなんて信じられないよ!

B **Let me get it.** You bought last time anyway.
私に払わせて。この前はあなたが払ってくれたじゃない。

ダイアローグ 2

A Dinner's on me tonight. Thanks for the company.
夕食は僕のおごりだよ。いっしょに来てくれてありがとう。

B No. **Let me get it.** Really.
いいえ、私に払わせて。ほんとうに。

A Tell you what. We'll split it.
じゃあ、割り勘にしよう。

ダイアローグ 3

A Thanks for inviting me to lunch. I'll buy.
ランチに誘ってくれてありがとう。僕がおごるよ。

B No. **Let me get it.** It's the least I can do for all your help today.
いや、私に払わせて。今日いろいろ手伝ってくれたから、これくらいはしないとね。

❶❷❸ 見てみます。；えー。

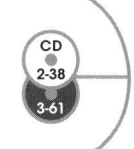

Let me see.
[レッ＿ミー シー]

◀**フレーズの解説**▶
Let me see. は「私に見せて」が直訳。実際は、「見てみるね；チェックしてみるね」という意味になるネイティヴ・フレーズ。また、「えー」と考える間を取るときにも使われる。

◀**音声変化の解説**▶
let me から [t] 音が脱落し [レッ＿ミー] と発音される。

ダイアローグ 1

A Have you decided on your order?
ご注文は決まりましたか？

B I'd like the steak, but can I get a baked potato as a side instead of fries?
ステーキが欲しいんですが、フライド・ポテトの代わりにベークド・ポテトをいただけますか？

A **Let me see.** I'll ask the manager but I think that should be okay.
えー。マネージャーに確認しますが、大丈夫だと思います。

ダイアローグ 2

A Do you have any of these shirts in an extra large?
このシャツのどれかで XL サイズのは置いていますか？

B I don't think so, but **let me see.** I'll check the warehouse.
ないと思いますが、ちょっと待ってくださいね。倉庫をチェックしてきます。

ダイアローグ 3

A What can I get for you?
なにをお持ちいたしましょう？

B Do you happen to have any Merlot?
メルローなんかはありますかね？

A **Let me see** ... I'm sorry but we're all out right now.
確認させてください…恐縮ですが、いまは切らしています。

B Okay. I'll have a Chardonney then.
わかりました。じゃあ、シャルドネをお願いします。

❶❷❹ よく考えさせてください。

Let me sleep on it.
[レッ_ミー スリーポニッ（ト）]

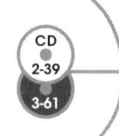

◀フレーズの解説▶
sleep on it は「その上で眠る」が直訳だが、実際には、「よく考える；熟考する」という意味で使われるネイティヴ・フレーズ。

◀音声変化の解説▶
let me から [t] 音が脱落し [レッ_ミー] と発音される。sleep on it は連結し [スリーポニッ（ト）] と発音されるが、末尾の [t] 音は脱落しやすい。

ダイアローグ 1

A This is our final offer. We really want you to come and work with us so we hope you'll accept.
これが弊社の最終オファーになります。御社といっしょにぜひ仕事がしたいので、受けていただけることを希望しています。

B **Let me sleep on it.** I'll let you know tomorrow.
じっくり考えさせてください。明日、お返事を差し上げますので。

ダイアローグ 2

A Do you want the position? It's yours if you're interested.
あなたはこの地位を望んでいますか？ 興味があるのなら、あなたを選びますよ。

B **Let me sleep on it.**
じっくり考えさせてください。

ダイアローグ 3

A I know you need a car so I have a deal for you. I'll sell you my 2005 Honda for $3,500 cash.
君は車を欲しがってたから、取引をもってきたよ。僕の 2005 年製のホンダ車を 3,500 ドルで売ってあげるよ。

B That sounds like a really good deal. **Let me sleep on it.**
いい取引に思えるわね。ゆっくり考えさせてよ。

①②⑤ 今日はここまでにしよう。

Let's call it a day.

[レッツ コーリッダ [ラ] デイ]

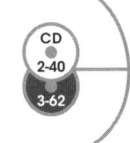

◀フレーズの解説▶
Let's call it a day. は「それを一日と呼ぼう」が直訳だが、「今日はこれで終わりにしよう（続きはまた明日）」というニュアンスで使われるネイティヴ・フレーズ。仕事だけではなく酒宴をお開きにする場面などにも使うことができる。

◀音声変化の解説▶
call it a は連結し [コーリッダ [ラ]] のように発音される。it と a の連結部では [t] 音の弾音化が起こる。

ダイアローグ 1

A What time is it?
いま何時かな？

B It's seven o'clock. How much longer do you want to work on this today?
7時だよ。今日は、これ、あとどのくらい作業するつもり？

A **Let's call it a day.** We'll start back on this first thing in the morning.
今日は終わりにしよう。これは、朝一から再開しようよ。

ダイアローグ 2

A **Let's call it a day.** We've been working on this long enough.
ここまでにしようよ。これは、もう十分な時間やったよね。

B Are you sure? We still have a long way to go before we're done.
そうなの？まだ終わるまで、ずいぶん先は長いわよ。

ダイアローグ 3

A We only have about an hour of daylight left. Do you want to keep going?
あと1時間しか日は出てないよ。まだ続けるの？

B Nah. **Let's call it a day.** I think there's some rain coming in anyway.
いや。終わりにしよう。とにかく雨も降ってきそうだしね。

❶❷❻ そろそろ行かないと。

Let's get going.
[レッツ ゲッ_ゴウイン（グ）]

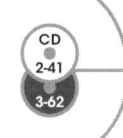

◀**フレーズの解説**▶
get going は「進む状態になる」が直訳。「出かける状態にならないと」→「そろそろ出かけないと」や、「進める状態にならないと」→「進め始めないと」といった意味でよく使われる。

◀**音声変化の解説**▶
get going では破裂音［t］と［g］が連続するため、［t］音が脱落する傾向にある。また、末尾の［g］音も弱まったり脱落したりする。

ダイアローグ 1

Ⓐ What time does your flight leave?
あなたのフライトは何時の出発なの？

Ⓑ Ten-thirty.
10 時半だよ。

Ⓐ **Let's get going.** Traffic is going to be brutal because of the holidays.
そろそろ出かけなきゃね。休日だから、交通渋滞がひどくなるわよ。

ダイアローグ 2

Ⓐ Are you ready to leave? We need to be there in forty-five minutes.
出発できる？ 45 分で向こうに到着しないといけないの。

Ⓑ Yeah. **Let's get going.** We don't want to be late.
うん。出かけようよ。遅れたくはないからね。

ダイアローグ 3

Ⓐ **Let's get going** on that new project.
あの新しいプロジェクトを進めていこうよ。

Ⓑ We can't start yet. The customer made some changes to the design.
まだダメなんです。顧客がデザインにちょっと変更を加えたんですよ。

Ⓐ How come nobody told me about that?!
どうしてだれも、それを僕に言わないのかな？

❶❷❼ さあ、始めよう。

Let's get started.
［レッツ ゲッ（ト）スターディ［リ］ッ（ト）］

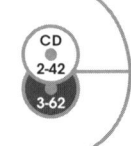

◀フレーズの解説▶
get started は「始めた状態になる」が直訳。Let's get started. になると「さあ、始めよう!」と仕事などを始めるときに使う言い回しになる。

◀音声変化の解説▶
get と started 末尾の［t］音や［d］音が脱落する場合がある。また、started の中の［t］音が弾音化する。

ダイアローグ 1

A Are you ready?
準備はいい?

B Yeah. **Let's get started.**
うん。さあ、始めようよ。

ダイアローグ 2

A Is everyone here?
みんな揃ったかな?

B I think so.
そうね。

A We can't wait any longer. **Let's get started.**
これ以上は待てないね。さあ、始めよう。

ダイアローグ 3

A It's about a five-hour drive.
だいたい5時間の運転よ。

B **Let's get started.** I want to be there before dark.
さあ出かけよう。暗くなる前には、向こうに到着したいからね。

❶❷❽ よし、始めよう！

Let's rock and roll!
[レッツ ラックン_ローゥ]

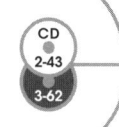

◀**フレーズの解説**▶
rock and roll は「やる；始める；盛り上がってやる」といった意味で、1970 年代頃から流行しているフレーズ。なにかを勢いをつけて始める場面でよく使われる。

◀**音声変化の解説**▶
rock and roll が、かたまりになって発話されるが、そのとき and の [n] 音だけが残るため、[ラックン_ローゥ] のように聴こえる。

ダイアローグ 1

Ⓐ Are you ready to go? We have a long drive ahead of us.
準備はいい？長距離ドライブが待ってるよ。

Ⓑ Let's rock and roll.
よし、出発よ。

ダイアローグ 2

Ⓐ The meeting starts in ten minutes. Do you have everything ready?
ミーティングは 10 分で始めるわよ。すべて準備できてる？

Ⓑ Let's rock and roll.
よし、やろうじゃない。

ダイアローグ 3

Ⓐ We go on stage in five minutes. Are you good to go?
5 分でステージよ。行ける？

Ⓑ Let's rock and roll.
よし、やろうよ。

129 様子を見ようよ。

Let's wait and see.

[レッツ ウェイダ［ラ］ン_シー]

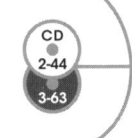

◀フレーズの解説▶
wait and see は「待って様子を見る」という意味。なにかに関してどうなるのか見極めるのにはもう少し時間がかかるので、「待って様子を見よう」と提案するときにネイティヴがよく使う決まり文句。

◀音声変化の解説▶
wait and の連結部で弾音化が起こり［ウェイダ［ラ］ン_］という発音になるが、and の末尾の［d］音も同時に脱落してしまう。

ダイアローグ 1

A Do you think we should cancel the picnic this weekend? The weather report is calling for rain.
今週末のピクニックは中止にすべきだと思う？ 天気予報では雨の予測を出してるよ。

B It's too early yet. **Let's wait and see.**
まだ早いよ。待って様子を見よう。

ダイアローグ 2

A Do you think we should make a better offer? They didn't seem very interested.
もっといいオファーを出すべきだと思う？ 先方はあまり興味がなさそうだったわ。

B **Let's wait and see.**
様子を見ようよ。

ダイアローグ 3

A Do you think we should sell some of our Apple stock while the price is rising?
値上がりしている間に、アップル株を少し売るべきだと思う？

B **Let's wait and see.** The way smartphones are selling, it might keep going up in value.
様子を見ようよ。スマホの販売状況から見れば、まだ価値は上がり続けるかもしれないよ。

❶❸⓪ すごいね!;すばらしい!;まあ!

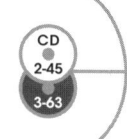

Look at you!
[ルッカッチュー]

CD
2-45
3-63

◀ **フレーズの解説** ▶
Look at you! は「あなたを見なさい!」が直訳だが、実際は相手をほめるときに使って「すごい!;すばらしい!」といったニュアンスになるネイティヴ・フレーズ。

◀ **音声変化の解説** ▶
look at は連結し [ルッカット] となるが、at you で [t] 音と [j] 音が混じり合うため、全体で [ルッカッチュー] という発音になる。

ダイアローグ 1

A I won first place in the poetry contest this weekend!
この週末、詩作コンテストで優勝しちゃったの!

B **Look at you!** That's great!
すごい! すばらしいよ!

ダイアローグ 2

A This is a picture from our wedding ceremony.
これ、私たちの結婚式の写真なんだ。

B **Look at you!** You look absolutely gorgeous!
すばらしい! 君、すごくきれいに見えるよ!

ダイアローグ 3

A Hey Mike. Long time no see!
あら、マイク。久しぶり!

B **Look at you!** You look great! You must have lost thirty pounds!
すごいね! いい感じだよ! 30 ポンドは減量したんじゃない?

A Forty actually.
実は 40 ポンドなんだよね。

131 そのとおり。；間違いないね。

No doubt about it.
[ノウ ダウダ［ラ］バウディ［リ］ッ（ト）]

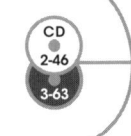

◀フレーズの解説▶
doubt は「疑い」という意味の英単語。No doubt about it. となると「それに関しては間違いない；そのとおり」と同意するときのひとことになる。

◀音声変化の解説▶
doubt about it の 3 語が連結するが、2 カ所の連結部で［t］音が弾音化し［ダウダ［ラ］バウディ［リ］ッ（ト）］という発音になる。末尾の［t］音も弱まりやすい。

ダイアローグ 1

A I think the new government proposal to overhaul the tax system is a terrible idea.
新政府の税制の徹底見直し案はひどいアイデアだよね。

B No doubt about it. I can't believe they're even considering that!
そのとおり。そんなこと考えていることすら信じられないよ。

ダイアローグ 2

A Do you think the Mariners have a chance of making the playoffs this year?
今年マリナーズがプレーオフに進むチャンスはあると思う？

B No doubt about it. Their pitching staff is better than it ever has been.
間違いないよ。投手陣がこれまでになくいいからね。

ダイアローグ 3

A I was thinking about putting my house up for sale now, while it's a seller's market. Do you think that's a wise decision?
売り手市場の間に、家を売りに出そうと考えてたんだ。賢い選択だと思う？

B No doubt about it.
それは、間違いないわよ。

❶❸❷ マジかよ。；冗談でしょ。；まさか。

No kidding?!

[ノウ キディ [リ] ン＿]

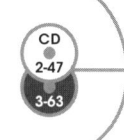

◀**フレーズの解説**▶
No kidding. は「冗談じゃない」が直訳だが、実際は「マジなの？；まさか！」と驚きを表す場面で使うひとこと。イントネーションによっては「冗談じゃないんだ；ホントなんだよ」という意味になる場合もあるので注意が必要だ。

◀**音声変化の解説**▶
kidding の [d] 音は弾音化して [キディ [リ] ング] のような発音になる場合がある。また末尾の [g] 音も弱まったり脱落する傾向にあるため、全体では [ノウ キディ [リ] ン＿] のような発音になる。

ダイアローグ 1

Ⓐ Where has Bill been? I haven't seen him in a few days.
ビルはどこにいるの？ここ数日会ってないんだ。

Ⓑ You didn't hear? He had a stroke last week.
聞いてないの？先週、脳卒中になったのよ。

Ⓐ No kidding?! That's terrible. まさか！それはひどい。

ダイアローグ 2

Ⓐ How's your daughter been? 娘さんはどうしてる？

Ⓑ Great. She just got engaged to be married!
元気よ。ついこの前婚約したのよ。

Ⓐ No kidding?! It seems like yesterday you were asking me to babysit her!
マジ？彼女のおもりを君に頼んでたのが昨日みたいだよ。

ダイアローグ 3

Ⓐ Listen to this! You know I was adopted, right? Well … I just found my real birth mother on Facebook!
聞いて！私が養子だってことは知ってるわよね。でさ…フェイスブックでほんとうのお母さんを見つけちゃったの！

Ⓑ No kidding?! Are you going to meet her?
ホント？彼女に会いにいくの？

Ⓐ Absolutely! As soon as possible!
もちろん！できるだけ早いうちにね。

❶❸❸ 絶対に不可能だよ。；あり得ないよ。；それはないよ。

Not a chance.
[ナッダ [ラ] チャンス]

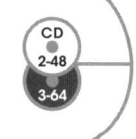

◀フレーズの解説▶
Not a chance. は直訳すると「チャンスはひとつもない；まったくない」となる。ネイティヴが「それは絶対に不可能だよ；あり得ないよ；それはないよ」といったニュアンスで使うひとこと。

◀音声変化の解説▶
not a の連結部で弾音化が生じるため［ナッダ［ラ］］のような発音がなされる。

ダイアローグ 1

A Do you think Congress will pass the Immigration Reform Act?
議会は移民改革法案を通過させると思う?

B **Not a chance.** Not while the Republicans control the House (of Representatives).
それはないよ。共和党が下院をコントロールしている間はね。

ダイアローグ 2

A Do you think Tiger Woods will win more major tournaments than Jack Nicklaus?
タイガー・ウッズは、ジャック・ニクラウスよりも多くメジャー・タイトルを獲得する思う?

B **Not a chance.** I think he's already past his prime.
それは不可能だね。もうタイガーは最高の時期を過ぎていると思うんだ。

ダイアローグ 3

A Are you going to sell your company? I heard Microhard made you an offer.
会社を売るつもりなんですか? マイクロハードが御社にオファーを出したって聞いたんですが。

B **Not a chance.** They didn't offer me near what it is worth.
それはないですよ。実際の価値とはかけ離れたオファーでしたから。

134 またなの？；えっ、また？

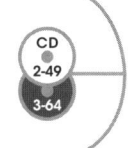

Not again!
[ナッダ [ラ] ゲン]

◀フレーズの解説▶
Not again! は「またなの？；またか」という意味で、驚くようなことや、心配なこと、がっかりさせられること、ムカッとさせられることなどが繰り返されたときに使われるネイティヴ・フレーズ。

◀音声変化の解説▶
not と again の連結部で [t] 音の弾音化が起こるため [ナッダ [ラ] ゲン] という発音になる。

ダイアローグ 1

A You're not going to believe this. Tim got into another car accident!
信じないと思うけどね。ティムがまた自動車事故に遭ったんだよ。

B **Not again!** Is he okay?
またなの？ 彼、大丈夫なの？

A Yeah. But his car is totaled.
うん、でも自動車はスクラップだよ。

ダイアローグ 2

A How are your parents doing?
ご両親はどうしてる？

B Well ... my father is in the hospital.
うん…父は入院してるんだ。

A **Not again!** Is he having heart trouble again?!
またなの？ また心臓の問題？

B No. But the doctors think he has diabetes.
いや。でも、医者は、父さんが糖尿だって思ってる。

ダイアローグ 3

A I'm going to need a few days off of work. I'm sick.
数日仕事を休む必要があるんです。具合が悪くて。

B **Not again!** You missed three days last week too!
またなのか？ 君は、先週も3日休んだんだよ！

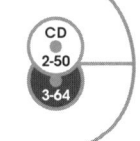

❶❸❺ 悪くない。；ふつう。；まあまあかな。

Not bad.
[ナッ＿バーッ（ド）]

◀フレーズの解説▶
Not bad. は、日本語の「悪くない；ふつう；まあまあかな」などと同じニュアンスになるネイティヴ・フレーズ。日本語でも同じだが、まあまあ調子がいいときに用いられる。

◀音声変化の解説▶
not bad の連結部で［t］＋［b］と破裂音が連続するため、［t］音が脱落する。bad の末尾の［d］音も弱まったり脱落することがある。

ダイアローグ 1

A Hey Linda! It's been a long time! How've you been?
やあ、リンダ！久しぶり！どうしてた？

B **Not bad.** I have a new job. I'm working as a bank teller now.
まあふつう。新しい仕事を始めたの。いまは銀行の窓口で働いているの。

A That's a change.
それは、だいぶ変わったね。

ダイアローグ 2

A What's the weather supposed to be like this weekend?
今週末の天気はどうなるのかな？

B **Not bad.** Cloudy but no rain in the forecast.
悪くはないよ。曇りだけど雨は降らないって予報だよ。

A Do you still want to play golf?
まだゴルフに行きたいの？

B Absolutely!
絶対に行きたいよ！

ダイアローグ 3

A How was the concert?
コンサートはどうだった？

B **Not bad.** But it was really crowded.
まあまあかな。でも、すごく混雑してたわ。

❶❸❻ あり得ないよ。：それは無理だよ。

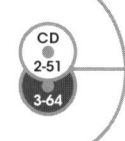

Not going to happen.
[ナッ__ゴナ ハプン]

◀フレーズの解説▶
Not going to happen. は「（未来に）起こりはしない」が直訳。実際は、相手の頼み事などを「無理だよ；ダメだ」と断るときに使われるネイティヴ・フレーズ。

◀音声変化の解説▶
going to は［ゴナ］と省略される。not going to は not の［t］音が脱落するため、[ナッ__ゴナ]という発音になる。

ダイアローグ 1

A Can I stay up and watch a movie tonight?
今夜はまだ寝ないで映画を観てもいい？

B Sorry honey. **Not going to happen.** You have school tomorrow.
ごめんね、ハニー。それは無理よ。明日は学校なのよ。

ダイアローグ 2

A Do you think China is going to agree to the muti-national agreement to cut their carbon output?
中国は、二酸化炭素排出抑制の多国間協定に合意すると思う？

B **Not going to happen.** Their economy is too dependent on coal-based energy.
あり得ないね。あの国の経済は、石炭ベースのエネルギーに頼りすぎているからね。

ダイアローグ 3

A Do you believe someday gun ownership will be banned completely?
いつか銃器の所持は完璧に禁止になると思う？

B **Not going to happen.** The firearm industry is just too powerful.
あり得ないよ。銃器産業にはものすごく力があるんだから。

❶❸❼ 絶対に無理。

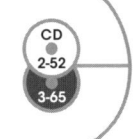

Nothing doing.
［ナッスィン＿ドゥーイン＿］

◀フレーズの解説▶
Nothing doing. は、There's nothing doing.「なにをやっても無駄；手の施しようがない」というセンテンスが短くなったもの。「絶対に無理」と、相手の要求や頼みを撥ねつけるときのネイティヴ・フレーズ。

◀音声変化の解説▶
nothing からも doing からも［g］音が脱落し、［ナッスィン＿ドゥーイン＿］と発音される。

ダイアローグ 1

A Can you loan me some money until payday?
給料日まで、ちょっとお金を貸してくれない？

B **Nothing doing!** You still haven't paid me back from last time!
絶対に無理！ まだ前のお金も返してもらってないわよ。

ダイアローグ 2

A Do you think terraforming is really possible?
テラフォーミングってほんとうに可能だと思う？

B **Nothing doing.** At least I don't see it happening for a long time.
絶対に無理だよ。少なくともかなり長くはそうなりそうにないよ。

ダイアローグ 3

A Can you work for me this weekend?
今週末、働いてもらえないかな？

B **Nothing doing.** It's my wedding anniversary. My wife and I are going out of town.
絶対に無理です。結婚記念日で、妻とよそへ出かける予定なんですよ。

❶❸❽ 特にはなにも。

Nothing much.
[ナッスィン_マッチ]

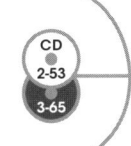

CD
2-53
3-65

◀フレーズの解説▶
Nothing much. は、「特にはなにもないよ；予定というほどのものは特にないよ」といったニュアンスで用いられるネイティヴ表現。「どうしてる?」とたずねられたときには、「特に変わりはないよ」といったニュアンスになる。

◀音声変化の解説▶
[g] + [m] の連続で、nothing の [g] 音が脱落する。

ダイアローグ 1

A What do you have planned for Thanksgiving?
感謝祭にはなにか予定しているの?

B **Nothing much.** Why?　特になにも。どうして?

A I was thinking it would be great if you came over to our house for dinner.
あなたが、うちに夕食に来てくれたらいいなあと思ってたの。

ダイアローグ 2

A What do you have going on this weekend?
今週末はなにかやってるの?

B **Nothing much.**　特になにもないよ。

A I have two tickets to the Giant's game. You want to come?
ジャイアンツの試合のチケットが2枚あるの。来る?

B Sure! That sounds great!
もちろん! すばらしいね!

ダイアローグ 3

A Hey Jerry! Long time no see! What's been happening?
あら、ジェリー、久しぶり! どうしてたの?

B **Nothing much.** How've you been?
特に変わりないよ。君のほうは?

A I'm good.　私はふつうに元気だよ。

151

❶❸❾ たいしたことないよ。；なんでもないことさ。

Nothing to it.
［ナッスィン＿トゥー イッ（ト）］

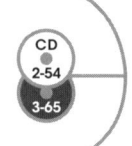

◀**フレーズの解説**▶
Nothing to it. は There's nothing to it.「それはなんでもないことだ」が短く省略された表現。お礼などを言われて、「なんでもないよ；たいしたことはないよ」と返答するときなどに使われる。

◀**音声変化の解説**▶
nothing to では破裂音が連続するため［g］音が脱落する。文末の［t］も脱落することがある。

ダイアローグ 1

A Thanks for helping me with my homework.
宿題を手伝ってくれてありがとう。

B **Nothing to it.**
たいしたことないよ。

ダイアローグ 2

A How did you fix that software problem?
ソフトウェアの問題はどうやって解決したの？

B **Nothing to it.** I just adjusted some of the code.
たいしたことないよ。コードを少し調整しただけだよ。

ダイアローグ 3

A I wish I could play golf as good as you can. Can you teach me?
あなたみたいに上手にゴルフができたらいいのになあ。教えてくれる？

B **Nothing to it.** All we have to do is spend some time at the range together.
なんでもないことだよ。練習場でいっしょにちょっと時間を過ごすだけで大丈夫さ。

140 絶対にお断りだよ。；絶対に無理。；とんでもない。

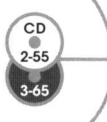

Not on your life.
[ナッド [ロ] ニュア ライフ]

◀ フレーズの解説 ▶
「君の人生をかけてもない」が直訳。「絶対に無理；絶対にお断り；とんでもない」と提案や願いなどを却下するときのネイティヴ・フレーズ。

◀ 音声変化の解説 ▶
not on では [t] 音が弾音化する。on と your は [オニュア] のように発音されるため、全体では [ナッド [ロ] ニュア ライフ] のように聴こえる。

ダイアローグ 1

A What do you want for your birthday?
誕生日にはなにが欲しいの？

B A pet snake.
ペットのヘビがいいな。

A Not on your life!
とんでもないわ。

ダイアローグ 2

A Can we go to Egypt on our next vacation?
今度の休暇にはエジプトに行けるかな？

B Not on your life! Do you realize how dangerous it is right now?!
絶対にないわ！ いま、あそこがどれだけ危険かわかってるの？

ダイアローグ 3

A Daddy I want to get my nose pierced. Everyone else is doing it. Can I?
父さん、鼻にピアスをしたいんだよね。みんなやってるんだけど、いいかな？

B Not on your life!
却下だ！

❶❹❶ 今回はやめておくよ。

Not this time.
［ナッ＿ディス タイム］

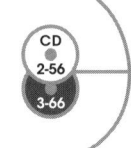

◀フレーズの解説▶
this time は「今回」。Not this time. は、なにかに誘われたときなどに「今回はやめておくよ」と返事をするときに使われるネイティヴ・フレーズ。類似表現に I'll take a rain check.「また今度誘って」などもある。

◀音声変化の解説▶
not this では not の［t］音が脱落し［ナッ＿ディス］という発音になる。

ダイアローグ 1

A A bunch of us in the office are going to pool our money and buy some lottery tickets. Do you want in?
オフィスの大勢でお金を出し合って宝くじを買うつもりなんだ。君もどう?

B **Not this time.** I'm not feeling very lucky.
今回はやめておくわ。あまりついてる気がしないの。

ダイアローグ 2

A Are you interested in going with us to the beach this weekend?
この週末にいっしょにビーチに行くかい?

B **Not this time.** I already have other plans.
今回は遠慮するわ。ほかの予定があるのよ。

ダイアローグ 3

A We're going to that new club that opened in Azabu. Do you want to come along?
麻布にできた新しいクラブに行くんだ。いっしょに来たい?

B **Not this time.** I'm a little tight on money right now. Maybe next time though.
今回は遠慮しとく。いまはちょっとお金が厳しいの。でもおそらく今度は行くわ。

142 そう来なくちゃ！；それはありがたい！

Now you're talking!
[ナウ ユァー トーキン_]

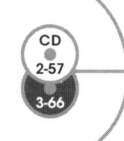

◀ **フレーズの解説** ▶
Now you're talking. は「やっといま、あなたは話をしている」が直訳。実際は、相手が考えを変えてこちらの意見に同調してくれた場面などで「そう来なくちゃ；それはうれしい」といったニュアンスで使われるひとこと。

◀ **音声変化の解説** ▶
talking 末尾の [g] 音が脱落。you're は [ユーアー] ではなく [ユァー] のような発音になる。

ダイアローグ 1

A I've thought about it long and hard. I'm interested in taking you up on your offer.
かなりじっくり考えたんですよ。御社の申し出を受け入れたいと思っています。

B Now you're talking!
それはうれしい！

ダイアローグ 2

A Are you going to make it to the party this weekend?
今週末は、パーティーに来られるの？

B I sure am.
もちろんだよ。

A Now you're talking! You're going to have a blast!
そう来なくちゃ! すごく楽しめるわよ！

ダイアローグ 3

A Do you want to buy my TV or not? I'm basically giving it away.
テレビを買ってくれるの？ 買ってくれないの？ 安くしてるんだけどな。

B Yeah. I'm down.
わかった、妥協するよ。

A Now you're talking!
そう来なくちゃ!

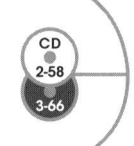

❶❹❸ そっちもね。; こちらこそ。

Right back at you.
[ライ＿バッカッチュー]

◀フレーズの解説▶
Right back at you. は「ちょうどそのままあなたに戻すよ」が直訳だが、実際はダイアローグ例のように、相手の親切な言葉を、そのまま相手に返したい場面で使う言い回し。日本語の「そっちもね；こちらこそ」などの言い回しに近いニュアンス。相手のあいさつをそのまま返すときにも使われる。

◀音声変化の解説▶
right の [t] 音が脱落し、back at は連結、さらに at you では [t] + [j] が混じり合って [チュ] と発音されるため、全体では [ライ＿バッカッチュー] のような発音になる。

ダイアローグ 1

A Have a good night, Tim.
おやすみ、ティム。

B **Right back at you** Mary.
そっちもね、メアリー。

ダイアローグ 2

A I really appreciate you going out of your way to help me.
私の手伝いに途中で寄ってくれてありがとうね。

B **Right back at you.** You did the same thing for me last month.
こちらこそ。先月は君が同じことをしてくれたじゃない。

ダイアローグ 3

A Be safe going home tonight. I hear there's bad weather moving in.
今夜は気をつけて帰って。悪天候になるらしいよ。

B **Right back at you.** After all, you have to travel farther than I do!
そっちもね。とにかく、君のほうが僕より遠くまで帰るんだからさ！

144 もう一度、説明して。;なに?!

Run that by me again.
[ランナッ_バイ ミー アゲン]

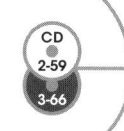

◀フレーズの解説▶
run that by me の run は「走る」という意味ではなく、「伝える;教える;言う」などの意。Run that by me again. は「もう一度、私にそれを教えて;説明して」ということ。単純に聞き返すときに加えて、驚いて聞き返す場面にも使われるフレーズ。

◀音声変化の解説▶
run that の [n] + [ð] の音が [n] に変化することがある。that と by の部分で [t] + [b] と破裂音が連続するため、先にある [t] 音が脱落する。

ダイアローグ 1

A I need you to help me with this ...
この…を手伝ってほしいの。

B Run that by me again?!
もう一度言って。

A I need you to help me with this box ... it's too heavy for me to carry alone.
この箱を手伝ってほしいの…ひとりで運ぶには重すぎるの。

ダイアローグ 2

A The problem is there's a compression issue with one of the pistons.
問題は、ピストンのひとつに圧縮の問題があることです。

B Run that by me again?! In English this time.
もう一度説明してくださいよ。私にもわかる英語で。

A You have engine trouble.
エンジンにトラブルがあるんですよ。

ダイアローグ 3

A I think I'm going to shave my head.
スキンヘッドにしようと思ってるんだ。

B Run that by me again?!
なんですって?!

❶❹❺ もう一度言って。;なんだって?

Say that again?
[セイ ザッダ [ラ] ゲン]

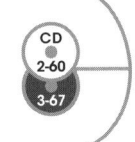

◀フレーズの解説▶
相手の言葉が聞き取れなかったときに、再度言ってもらうときのひとこと。また、相手の言葉に驚いて「なんだって?」と聞き返す場面でも使われる。

◀音声変化の解説▶
that again の連結部で [t] 音が弾音化するため [ザッダ [ラ] ゲン] のように発音される。

ダイアローグ 1

A I'm calling because ... and ...
…でお電話してまして…

B Say that again?
もう一度言ってください。

A Let me call you right back. My cell signal is weak here.
かけ直させてください。ここは携帯の電波が弱いので。

ダイアローグ 2

A What are you going to do after high school?
高校を出たらどうするつもりなの?

B I was thinking about joining the Army.
軍に入隊しようかと思ってたんだ。

A Say that again?!
なんですって?!

ダイアローグ 3

A I think we should take a break from our relationship.
私たちの関係、ちょっと間をおくべきだと思うの。

B Say that again?!
なんだって?

A I don't think we should see each other for awhile.
私たち、しばらく会わないほうがいいと思うの。

❶❹❻ またね！

See you later!
[スィー ユー レイダ [ラ] ー]

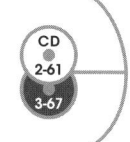

◀フレーズの解説▶
See you later. は、I'll see you later.「またあとで会いましょう」が短くなったもの。実際は別れの軽いあいさつで、「じゃあね；またね」といった意味で用いられる。Unit 120 の Later. の項も参照。

◀音声変化の解説▶
later は1単語中の [t] 音が弾音化する例。[レイター] ではなく [レイダ [ラ] ー] という発音になる。

ダイアローグ 1

A Have a good night, Kate.
おやすみなさい、ケイト。

B **See you later**, Mick.
またね、ミック。

ダイアローグ 2

A I need to get going. I've got a long day tomorrow.
もう行かないと。明日は忙しいんだよね。

B Okay. **See you later.**
わかった。じゃあね。

ダイアローグ 3

A My shift is over. I'm out of here. **See you later,** Mary.
僕のシフトは終わったよ。帰るね。またね、メアリー。

B Good night, Tom. Don't forget about the managers' meeting we have tomorrow.
おやすみ、トム。明日のマネージャー・ミーティング忘れないでよ。

A I'll be there.
問題ないよ。

❶❹❼ 彼女、超セクシーだよ！

She's smoking hot!
[シーズ スモウキン＿ハーッ（ト）]

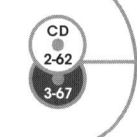

◀フレーズの解説▶
hot は「かっこいい；美形だ；セクシーだ；最高」などとほめるときのスラング表現。smoking は「喫煙している」ということではなく、「すごく；超」と強調する表現。

◀音声変化の解説▶
smoking の末尾の [g] 音が脱落するため [スモウキン＿] と発音される。また、場合によっては hot の末尾の [t] 音も脱落する。

ダイアローグ 1

🅐 Who's your favorite actress on TV?
テレビで好きな女優はだれ？

🅑 I'm nuts about Olivia Wilde.
オリヴィア・ワイルドに夢中だよ。

🅐 Oh yeah. **She's smoking hot!** Talented too!
うんうん。彼女すごくセクシーだよね！ 才能もあるし！

ダイアローグ 2

🅐 Who was that woman Jerry brought as his date to your wedding?
ジェリーが君の結婚式に連れてきていた相手の女性はだれだったの？

🅑 He introduced her as Kim. I'd never seen her before. **She's smoking hot!**
キムだよって紹介されたけど。はじめて見たよ。彼女、最高にセクシーだよね。

ダイアローグ 3

🅐 Who is the woman in that picture? **She's smoking hot!**
写真のその女性だれ？ すごくセクシーだね。

🅑 That's a friend of mine from college. She's a professional model.
大学のときの友達よ。プロのモデルなの。

148 ごめんではすまされないのよ。

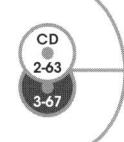

Sorry doesn't cut it.
[ソーリー ダズン_カッディ[リ]ッ(ト)]

◀フレーズの解説▶
cut it は、ここでは「それを切る」という意味ではなく、「足りる；要求を満たす」という意味。相手の謝罪などに対して、「それでは足りない；それではすまされない」と厳しく詰め寄るときに使われるフレーズ。

◀音声変化の解説▶
doesn't cut では破裂音が連続するため、doesn't の [t] が脱落。cut it は cut の [t] の弾音化や、it の [t] の脱落などが生じるため、全体では[ソーリー ダズン_カッディ[リ]ッ(ト)]のような発音になる。

ダイアローグ 1

A Which one of you boys broke this vase?
あなたたちふたりのどっちがこの花瓶を割ったの？

B I did. I'm sorry … it was an accident!
僕だよ。ごめんなさい…事故だったんだよ!

A **Sorry doesn't cut it** mister … this was an irreplaceable heirloom! Go to your room.
ごめんではすまないのよ…これはかけがえのない家宝だったの! 自分の部屋へ戻りなさい。

ダイアローグ 2

A Hey! Watch what you're doing!
こら! なにやってるんだよ?

B I'm sorry. I didn't mean it.
ごめんね。そんなつもりじゃなかったの。

A **Sorry doesn't cut it.** You just spilled wine on my $300 dress shirt!
ごめんじゃすまないよ。僕の300ドルのワイシャツにワインをこぼすなんて!

ダイアローグ 3

A Who is Candy? Why is she sending you text messages all the time?
キャンディーってだれ? どうしてひっきりなしにあなたにショート・メールを送ってくるのよ。

B She's just a friend from work. I'm sorry I didn't mention her before.
ただの職場の友達だよ。彼女のこと言ってなくて悪かったよ。

A **Sorry doesn't cut it.** ごめんじゃすまないのよ。

❶❹❾ まあね。；なんとなくね。；ややね。；少しね。

Sort of.
[ソーダ［ラ］（ヴ）]

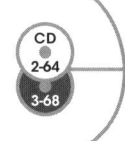

◀フレーズの解説▶

sort of は sort of ...「ある種の…」という意味で使われるフレーズだが、このように、あとに名詞を伴わずに 2 語だけで用いられると「なんとなく；やや；少々；そこそこ；まあまあ」という意味の口語表現となる。Kind of. にも同じ用法がある。

◀音声変化の解説▶

sort と of は連結部で［t］音の弾音化が起こるため、［ソーダ［ラ］（ヴ）］という発音になる。末尾の［v］音も弱まったり脱落しやすい。

ダイアローグ 1

Ⓐ Are you feeling any better?
具合は少しはいいの？

Ⓑ Sort of. I don't have a fever anymore but I still have a really bad cough.
ややね。もう熱はないけど、まだ咳はひどいんだよ。

ダイアローグ 2

Ⓐ I baked this cake using your mother's recipe. Does it taste like hers?
あなたのお母さんのレシピでこのケーキを焼いたの。味は彼女のに似てる？

Ⓑ Sort of. This tastes a little sweeter than hers though.
まあね。でも、母のよりちょっと甘いかな。

ダイアローグ 3

Ⓐ Did you get the raise at work that you were expecting?
期待していた昇給はもらえたの？

Ⓑ Sort of. They changed my title to manager but didn't increase my pay. Can you believe that?!
ある意味ね。役職をマネージャーに変えてくれたけど、給料は上がらなかったんだよ。信じられる？

❶❺⓪ もうちょっと残ってよ。

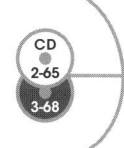

Stick around.
［スティッカラウン（ド）］

◀フレーズの解説▶
stick はもともと「貼り付ける；粘る；固着する」という意味。Stick around. では「もう少しここで粘って；ここに残って；この辺にいて」といった意味になる。

◀音声変化の解説▶
stick と around は連結して［スティッカラウン（ド）］となるが、末尾の［d］音も弱まりやすい。

ダイアローグ 1

A Hey Ted. Where are you going?
ねえ、テッド。どこに行くのよ?

B I was just about to head home.
ちょうど家に帰ろうとするところだよ。

A Ahh, **stick around!** Let me buy you a beer.
あー、待ってよ! あなたにビールをおごらせてよ。

ダイアローグ 2

A We're pretty dead tonight. If you're looking to cut someone I'm willing to go.
今夜はダメですね。だれかを帰したいのなら、僕が帰りますけど。

B No. **Stick around.** We have a party of twelve coming in and I might need you.
いや。残ってよ。12人の団体さんが来るから、あなたが必要になるかもしれないわ。

ダイアローグ 3

A I just wanted to drop off these tools you loaned me.
貸してもらってたこの道具を届けたかっただけですから。

B **Stick around.** Julie and I were just about to grill some steaks. Why don't you stay and eat with us?
もうちょっと待っててよ。ジュリーと僕はステーキを焼こうとしてたんだよ。残っていっしょに食べていったら?

A If you're sure I'm not imposing ...
ホントにご迷惑じゃないのなら…

B Of course not. まったく迷惑なんかじゃないよ。

❶❺❶ 好きにすれば。；勝手にしたら。；ご自由に。

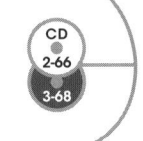

Suit yourself.
[スーチュァセゥフ]

◀**フレーズの解説**▶
Suit yourself. は「あなた自身に合わせればいいよ」が直訳。実際の会話では「勝手にすれば；好きにすれば；ご自由に」といったニュアンスで使われる。こちらのアドバイスなどを聞き入れようとしない人に向かって使う表現。

◀**音声変化の解説**▶
suit の［t］音と yourself の［j］音が混じり合い［チュ］のような発音になる。

ダイアローグ 1

A If you don't leave now you're probably going to miss the bus.
いま出かけないと、おそらくバスに乗り遅れるわよ。

B Don't be ridiculous. I have plenty of time!
バカな。まだ時間はたっぷりあるよ!

A **Suit yourself.**
勝手にすれば。

ダイアローグ 2

A Can I get some catsup for this asparagus?
このアスパラガスにちょっとケチャップをもらえるかな?

B You're going to put catsup on a green vegetable?
緑の野菜にケチャップをつけるつもり?

A I always do. I think it's good.
いつもそうしてるよ。おいしいと思うけど。

B **Suit yourself.**
ご自由にどうぞ。

ダイアローグ 3

A That beer is warm. Let me get you a cold one.
そのビールぬるいよね。冷えたのを持ってくるわ。

B That's okay. I like drinking my beer warm.
大丈夫だよ。ぬるめにして飲むの、好きだから。

A Well ... **suit yourself.**
そう…じゃあ好きにして。

152 またね。

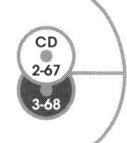

Take care.
[テイッ＿ケァー]

◀フレーズの解説▶
Take care. は直訳すると「お大事にね」となるが、実際は、「またね；じゃあね」という軽い別れのあいさつとして使われているネイティヴ・フレーズ。

◀音声変化の解説▶
take care では [k] + [k] と破裂音が連続するため、片方の [k] が脱落し [テイッ＿ケァー] という発音がなされる。

ダイアローグ 1

A It was good talking with you. I have to get going though. **Take care.**
話ができてよかったわ。でも、行かないと。じゃあね。

B Let's get together again soon!
またすぐにね!

A I'll holler at you.
連絡するわ。

ダイアローグ 2

A Here's the money for my tab. Keep the change.
はい、僕のお勘定分のお金だよ。おつりは取っておいて。

B Are you sure you're okay to drive? You've had quite a few beers.
運転して大丈夫なの? かなりビールを飲んでたよ。

A Yeah. I'm good.
うん、大丈夫。

B Well, **take care.**
じゃあ、気をつけてね。

ダイアローグ 3

A You have a good night Stew.
おやすみなさい、ステュー。

B **Take care** Missy. Tell your parents I said hello.
じゃあね、ミッシー。ご両親によろしく。

A Will do. 伝えるわ。

153 落ち着いて!

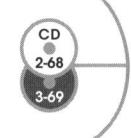

Take it easy!
[テイキッディ［リ］ーズィー]

◀フレーズの解説▶
easy には「楽な」という意味があり、Take it easy. は「それを楽に受け取りなさい」が直訳。実際には興奮したり、慌てている人などに向かって「落ち着いて」と声をかける場面で使われるネイティヴ・フレーズ。類似表現には、Relax.「落ち着いて」などがある。

◀音声変化の解説▶
3語が連結した結果［テイキッディ［リ］ーズィー］のように発音される。it の［t］音は弾音化する。

ダイアローグ 1

A Can you believe the way this idiot in front of us is driving? What the hell is he doing?!
僕らの前を走ってるこのバカの運転の仕方、信じられる? なにやってるんだよ?!

B **Take it easy!** You shouldn't get all worked up like that.
落ち着いてよ! そんなに興奮しちゃダメだって!

ダイアローグ 2

A That guy just threw his cigarette butt into my yard! I'm gonna go give him a piece of my mind.
あいつ、いまうちの庭に吸い殻を捨てたぞ! 怒鳴りつけてきてやる。

B **Take it easy!** It's not worth getting all bent out of shape about.
落ち着いて! そんなに興奮する価値はないわよ。

ダイアローグ 3

A 911. What is your emergency?
911番です。緊急ですか?

B I just saw ... Accident ... two cars ... People ... blood.
見たんです…事故です…車2台…みんな…血が…

A Sir. **Take it easy.** Calm down and take a breath.
あなた、落ち着いてください。落ち着いて息を吸ってください。

154 受けるか、あるいはやめるかです。

Take it or leave it.
[テイキッ（ト）オー リヴィッ（ト）；テイキッド［ロ］ー リヴィッ（ト）]

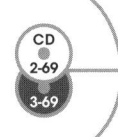

◀フレーズの解説▶
take は「取る」、leave は「そのまま置いておく；残す」という意味の動詞。ビジネスなどで最終的な条件を示したあと、相手に決断を迫るひとこと。

◀音声変化の解説▶
take と it、leave と it はともに連結。またふたつの it の［t］音は弱まったり、脱落しやすいため、全体では［テイキッ（ト）オー リヴィッ（ト）］のような発音になる。it or の［t］音が弾音化する場合もある。

ダイアローグ 1

A I'll give you $300 for that TV you said you wanted to get rid of.
君が手放したいって言ってたあのテレビ、300 ドル払うよ。

B I said I wanted to sell it but it's worth more than that!
私、売りたいとは言ったけど、それ以上の価値があるわよ!

A **Take it or leave it.**
受けるかやめるかどっちかだね。

ダイアローグ 2

A We have a position open, but it is only part-time.
仕事は空いていますが、パートですよ。

B You don't have anything available full-time?
フルタイムでは空いている職はないんですか?

A Nope. Part-time only. **Take it or leave it.**
いや。パートだけです。受けるかやめるかの選択ですよ。

ダイアローグ 3

A I'm going out to have some sushi. Would you like to join me?
お寿司を食べにいくけど、いっしょに来る?

B Sushi?! That's gross!
お寿司? 気持ち悪いわ!

A **Take it or leave it.**
いやならいいんだよ。

❶❺❺ やった！；すごい！

That a boy/girl!

[アッダ [ラ] ボーイ／グゥール]

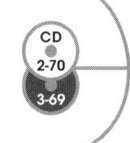

◀ **フレーズの解説** ▶
That a boy/girl! は、いずれも「その調子！；よくやった！」という意味で使われるネイティヴ独特のフレーズ。声をかける相手の性別で boy と girl を使い分ける。

◀ **音声変化の解説** ▶
that a は、最初の th の音が抜けることに加えて、that 末尾の [t] 音と a がつながって弾音化して [ダ [ラ]] のような音に変化。[アッダ [ラ]] のような発音になる。

ダイアローグ 1

A How is school going?
学校はどうだい？

B I just graduated from high school first in a class of two hundred.
高校を、200 人クラスのトップで卒業したばかりなんです。

A **That a boy!**
それはすごい！

ダイアローグ 2

A Hey grandpa ... remember how you told me to save my money. I have $1,500 in my savings account.
ねえ、おじいちゃん…私にお金を貯めなさいって言ってたよね。預金口座に 1,500 ドル貯まったよ。

B **That a girl!** Keep it up.
やったね！ その調子だよ。

ダイアローグ 3

A I think I am finally going to give up smoking for good this time.
ついに今回こそ永遠にタバコをやめられそうだよ。

B **That a boy!** I'm really proud of you.
やったわね！ あなたのことを誇りに思うわ。

156 それはひどいね。

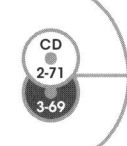

That blows.
[ザッ＿ブロウズ]

◀フレーズの解説▶
blow には「吹く；失敗する」などの意味があるが、ここでは「最低だ；最悪だ；ひどい」といった意味になる。ひどい状況に陥った相手に対して同情を表すネイティヴ・フレーズで、類似表現には、That sucks. や That stinks. などもある。

◀音声変化の解説▶
that blows は、連結部で破裂音［t］と［b］が連続するため、［t］音が脱落する。

ダイアローグ 1

A I can't believe they fired me right before Christmas.
クリスマスの直前に、僕を解雇するなんて信じられないよ。

B **That blows.** You'd think they'd at least have waited 'til after the holidays.
ひどいよね。休暇明けまでは少なくとも待ってくれるべきだったよね。

ダイアローグ 2

A When I was at the gym last night someone broke into my locker and stole my wallet!
昨夜ジムにいたとき、だれかがロッカーを壊して財布を盗んだんだよ。

B **That blows.** Did you complain to the staff?
それはひどいね。スタッフに文句を言った？

A Yeah. But they couldn't do anything.
うん、でも、なにもしてはもらえなかったよ。

ダイアローグ 3

A You're going on a cruise soon, right? When do you leave?
もうすぐクルーズに出かけるんだよね？いつ出るの？

B It got canceled because of a hurricane in the Caribbean.
カリブ海のハリケーンのせいでキャンセルになったんだ。

A **That blows.**
それはひどいね。

❶❺❼ そんなはずはないよ。

That can't be right.
[ザッ__キャン__ビ ライト]

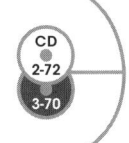

CD 2-72 / 3-70

◀フレーズの解説▶
That can't be right. は「それが正しいはずがない」が直訳。「そんなはずはないよ；あり得ないよ」というニュアンスで使われる不信と驚きを表すネイティヴ・フレーズ。

◀音声変化の解説▶
that can't be の 2 カ所の連結部では、いずれも破裂音の連続があるため、2 カ所で [t] 音が脱落して [ザッ__キャン__ビ]という発音になりやすい。

ダイアローグ 1

A We have proof that you're the one who's been stealing from the company safe.
君が会社の金庫から盗みをやっていたという証拠があるんだよ。

B **That can't be right.** I don't even know where the company safe is!
そんなはずありません。会社の金庫がどこにあるのかも知らないんですよ!

ダイアローグ 2

A The weather report is calling for snow flurries tonight.
今夜はにわか雪が降る天気予報になってるわよ。

B **That can't be right.** It's almost sixty degrees outside right now!
そんなはずないよ。いま外は、ほぼ 60 度もあるんだよ!

ダイアローグ 3

A Check, please.
お勘定をお願いします。

B Here you are sir. Your total is forty-five dollars and sixty-three cents.
はい、お客さま。合計額は 45 ドル 63 セントです。

A **That can't be right.** All we had were two beers!
そんなはずないですよ。僕らが飲んだのはビール 2 杯だけですよ!

158 場合によるね。

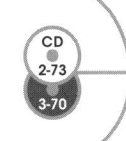

That depends.
[ザッ_ディペンズ]

◀フレーズの解説▶
depend は「…による;依存する」という意味。That depends. では「それは場合によるね;事と次第によるね」といった意味になる。

◀音声変化の解説▶
that depends の連結部は破裂音［t］＋［d］の連続があるため、［t］音が脱落し［ザッ_ディペンズ］という発音になる。

ダイアローグ 1

A Are you going skiing with us this weekend?
今週末、私たちといっしょにスキーに行くの?

B **That depends.** 場合によるね。

A On what? どんな?

B On whether I have to work or not.
仕事をしなきゃならないかどうかさ。

ダイアローグ 2

A Are you going to be able to move to Tokyo like you planned?
計画どおりに東京に引っ越せるの?

B **That depends.** Right now I am waiting to see if I can stay with my brother until I find an apartment.
場合によるね。いまはアパートを見つけられるまで、兄弟のところに滞在できるかどうか調べてるところなんだ。

ダイアローグ 3

A What did you think of my proposal? Are you going to take my advice?
私の提案はどう思いましたか? 私のアドバイスを受け入れますか?

B **That depends.** I have to present it to upper management and see what they think.
場合によりますね。経営の上層部にプレゼンして、彼らがどう考えるか見てみないと。

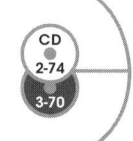

❶❺❾ もう終わりだ！；もうたくさんだ！；もうキレた！

That does it!
[ザッ＿ダズィッ（ト）]

◀**フレーズの解説**▶
直訳すると「それがそれをした」とおかしな訳になるが、実際は、なにかが自分の我慢の限界を超えたときに、「もう我慢できない；もうたくさんだ」と表現するときの怒りを含んだネイティヴ表現。

◀**音声変化の解説**▶
that does では、連結部で［t］+［d］と破裂音が連続するため、［t］音が脱落する。does it は連結し、さらに末尾の［t］音も抜け落ちやすい。

ダイアローグ 1

A **That does it!** This is the fourth weekend this month I've had to work.
もうたくさん！これで週末に仕事をしなきゃならないのは、4週目なのよ。

B Are they at least paying you overtime?
会社は、少なくとも残業代は払ってくれるんだよね？

A No. But they are going to have to or I'm going to put in my notice.
いいえ。でも、払わなきゃならないわ。さもないと、私は退職届を提出するわ。

ダイアローグ 2

A This is the third customer complaint we've received about Rich in the last week.
これで、リッチに関する顧客からの苦情は、この1週間で3件目ですよ。

B **That does it!** He's fired!
もう終わりだ！あいつはクビだよ！

ダイアローグ 3

A Did you clean your room like I asked you to?
言っておいたように、部屋の掃除はしたの？

B Not yet.
まだだよ。

A **That does it!** You're grounded!
もう頭にきた！あなたは外出禁止よ！

❶❻⓪ そりゃないな。

That'll be the day.
[ザッド [ル] ゥ ビ ザ デイ]

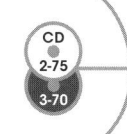

◀フレーズの解説▶
That'll be the day. は That'll be the day pigs fly.「それはブタが空を飛ぶ日だ」→「それはあり得ないよ」などの表現が短くなったもの。実際には「あり得ないよ；それはないね」と相手の言葉の可能性を信じられないときに使うネイティヴ表現。

◀音声変化の解説▶
that will は短縮されて [ザットゥ] のように発音されるため、聴き取りが難しい。また [t] 音が弾音化し [ザッド [ル] ゥ] のように発音される場合もある。

ダイアローグ 1

A The new prime minister says he's going to stamp out the mafia once and for all.
新しい首相は、マフィアを一斉に鎮圧するって言ってるわね。

B **That'll be the day.** They'll be around forever. Always have ... always will.
それはないよ。ほぼ永遠に撲滅は無理だよ。いままでも、これからもさ。

ダイアローグ 2

A I bought you a lottery ticket for your birthday. Maybe you'll get lucky!
誕生日に宝くじを買ってあげたよ。おそらく当たるはずよ!

B Hah! **That'll be the day.** I'm the unluckiest person in the world when it comes to gambling.
ハハ! そりゃないな。ギャンブルとなると、世界一ついてない人間なんだから。

ダイアローグ 3

A I think this investment is going to make us millions!
この投資で、僕たち、億万長者になれるよ!

B **That'll be the day.** That's what you said about the last one. It cost us money!
それはないわ。前のやつのときもそう言ってたわよ。あのときは、損をしたのよ!

161 そのとおりです。

That's what I say.

[ザッツ ワッダ [ラ] イ セイ]

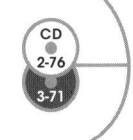

CD 2-76 / 3-71

◀**フレーズの解説**▶
That's what I say. は直訳すると「それは、私の言うことだ」となる。実際は、相手に強く同意する場面で「そのとおり」という意味で用いられるネイティヴ・フレーズ。

◀**音声変化の解説**▶
what Iの連結部で[t]音の弾音化が起こるため[ワッダ[ラ]イ]という発音に変化する。

ダイアローグ 1

A I think the government is covering up the truth.
政府は真実を隠していると思うわ。

B **That's what I say.** I don't believe anything they say anymore.
そのとおり。もう政府の言ってることはなにも信じないよ。

ダイアローグ 2

A These new anti-smoking laws are ridiculous!
この反喫煙法って、バカげてるよね!

B **That's what I say.** If cigarettes are that bad then they shouldn't sell them!
そうなんだよ。タバコがそんなに悪いんなら、売らなきゃいいんだよ!

ダイアローグ 3

A I think the new CEO is taking the company in the entirely wrong direction.
新しいCEOは、会社をまったくおかしな方向へ引っ張ってるわよね。

B **That's what I say.** We should be cutting back instead of expanding.
そのとおり。うちは、拡大する代わりに、縮小すべきだよね。

162 自業自得だよ。

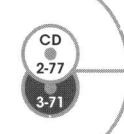

That's what you get.

[ザッツ ワッチュー ゲッ(ト)]

◀**フレーズの解説**▶
That's what you get. は「それは君が受け取る（べき）ものだ」が直訳。相手が自ら招いた失敗について「それは仕方ないよ；そりゃあ自業自得だよ」といったニュアンスで返すコメント。

◀**音声変化の解説**▶
what you では［t］＋［j］の部分で音が混じり合い［チュ］に近い発音になるため、全体では［ザッツ ワッチュー ゲッ（ト）］のような発音になる。

ダイアローグ 1

A I can't believe my smartphone froze up. I've only had it for a week!
信じられない。スマホがフリーズしちゃったよ。買ってからまだ1週間なのに！

B **That's what you get.** I told you not to buy that off brand.
自業自得よ。そんな安物は買うなって言ったじゃないの。

ダイアローグ 2

A My head feels like it's two feet wide.
頭が2フィートに広がった感じがするよ。

B Hangover, huh. **That's what you get.** You shouldn't have been out drinking so late last night.
二日酔いね。自業自得よ。昨日の夜、あんなに遅くまで外で飲むべきじゃなかったのよ。

ダイアローグ 3

A How come you are taking the bus to work? What happened to your bike?
どうして会社にバスで行ってるの？自転車はどうしちゃったの？

B Somebody stole it.
だれかに盗まれたんだ。

A **That's what you get.** I always said you should get a lock for it.
自業自得ね。私は、いつもカギをつけなさいって言ってたでしょ。

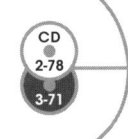

❶❻❸ そんなことないよ。；それは君の思い込みさ。

That's what you think.
[ザッツ ワッチュー スィンク]

◀フレーズの解説▶
That's what you think. は「それは君が考えていることだ」が直訳。実際は、相手の意見に対して、「それは君の意見だ；違うよ；バカな」と言い返すときに使われるネイティヴ・フレーズ。

◀音声変化の解説▶
what you では [t] + [j] の部分で音が混じり合い [チュ] に近い発音になるため、全体では [ザッツ ワッチュー スィンク] のような発音になる。

ダイアローグ 1

Ⓐ I'm a lock to win employee of the month.
僕が、今月の社員賞を勝ち取るのは間違いないよ。

Ⓑ Hah. **That's what you think.** That award already has my name on it!
ハハ。そんなことはないわ。その賞にはすでに私の名前が書いてあるわ！

ダイアローグ 2

Ⓐ The stock market has to start picking back up this year.
今年は株式市場が絶対に上向いてくるはずだよね。

Ⓑ **That's what you think.** I don't see it recovering for several years.
そんなことないわ。今後数年は回復しないわよ。

ダイアローグ 3

Ⓐ Orange computers are far and away the best products out there.
オレンジ・コンピューターはいま市場に出ているものでは、ダントツに最高だよね。

Ⓑ **That's what you think.** You're biased. You work for Orange.
そんなことないわ。あなたの偏見よ。あなたはオレンジの社員だもの。

❶❻❹ すばらしい！；よかったね！

That's wonderful!

[＿ッツ ワンダフゥ；＿ス ワンダフゥ]

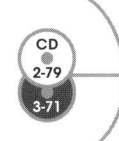

◀**フレーズの解説**▶
That's wonderful! は「それはすばらしい！」が直訳。「すばらしい！；よかった！」と相手の状況をいっしょによろこぶときに使われるひとこと。

◀**音声変化の解説**▶
that's の頭から [ð] 音が脱落し [＿ッツ] という発音になったり、さらに脱落が進むと 's の [s] の音だけが残る場合もある。その結果、全体では [＿ッツ ワンダフゥ] あるいは [＿ス ワンダフゥ] と聴こえる発音になる。

ダイアローグ 1

Ⓐ Guess what?! I just got a full-ride scholarship to college for basketball!
あのね。僕、バスケット・ボールで大学のフルライド奨学金をもらったんだ。

Ⓑ **That's wonderful!** I'm so proud of you!
すばらしいわ！あなたは私の誇りよ！

ダイアローグ 2

Ⓐ How have you been doing?
ずっとどうしてた？

Ⓑ Great actually. I started my own business last year and it's doing really well.
実は最高なんだ。去年、自分で仕事を始めて、とてもうまくいってるんだ。

Ⓐ **That's wonderful!**
それはすばらしいわ！

ダイアローグ 3

Ⓐ How did your fund-raiser go?
あなたの募金活動はうまくいったの？

Ⓑ Fantastic! We raised twice the amount we were aiming for.
すばらしいよ！目標の2倍も集まったんだ。

Ⓐ **That's wonderful!**
すばらしい！

165 いいね。；それならいいよ。

That will work.
[ザッド [ル] ゥ ワーク]

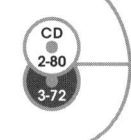

◀ **フレーズの解説** ▶
work は「うまくいく；効果がある」という意味の動詞。That will work. は相手の考えた方法などについて、「それならうまくいくよ；それなら大丈夫だよ；それでいいよ；いいね」などと肯定的に評価するときのネイティヴ・フレーズ。

◀ **音声変化の解説** ▶
that will は短縮されて [ザットゥ] のように発音されるため、聴き取りが難しい。また [t] 音が弾音化し [ザッド [ル] ゥ] のように発音される場合もある。

ダイアローグ 1

A I was thinking about making a pork roast for dinner. How does that sound?
夕食には、ポーク・ローストを作ろうと思ってたんだけど。どうかな？

B **That'll work.**
それでいいよ。

ダイアローグ 2

A What do you say we meet at the south entrance of the station at 6:30?
6時半に駅の南口で会うのはどう？

B **That'll work.** If I'm running late I'll call and let you know.
それでいいですよ。遅れそうなときは、電話しますよ。

ダイアローグ 3

A Your car's in the shop, right?
あなたの車は修理中なんでしょ？

B Yeah. Taking the bus to work everyday really sucks.
うん。毎日通勤にバスを使うのは、ホントいやになるよ。

A You can borrow mine if you want. I'm going out of town for a few days.
よかったら私のを貸してあげるわ。数日よそへ出かけるからさ。

B **That'll work.** Thanks a lot!
それはいいね。ありがとう！

❶❻❻ いいね。；かまいませんよ。

That works for me.
[ザッ＿ワークス フォ ミー]

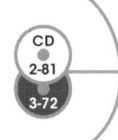

◀フレーズの解説▶
work for me は「私にはうまく作用する」が直訳。That works for me. となると「それでいいですよ；いいよ；いいね」といったニュアンスになる。類似表現には、That's okay with me. などもある。Unit 165 の That'll work. も参照。

◀音声変化の解説▶
that の末尾の［t］音が頻繁に脱落するため、全体では［ザッ＿ワークス フォ ミー］のような発音になる。

ダイアローグ 1

A I have a few suits that don't fit me anymore. They should fit you okay though. Would you like them?
カラダに合わないスーツがいくつかあるんだけど。君にはフィットするはずなんだ。欲しい？

B That works for me. Thanks.
いいね。ありがとう。

ダイアローグ 2

A Where do you want to have dinner tonight?
今夜はどこで夕食を食べたいの？

B I have a taste for Thai food. How about we go to the Lemon Grass restaurant?
タイ料理が食べたいなあ。レモン・グラス・レストランに行くのはどう？

A That works for me.
それでいいわ。

ダイアローグ 3

A I'm planning on working from home about three days a week from now on.
今後はだいたい週に3日、自宅で仕事をする予定なんだ。

B That works for me. Then we won't have to spend as much on daycare.
いいわね。そうすれば保育園にそんなにお金がかからないわ。

❶❻❼ 早いほどいいよ。

The sooner the better.

[ザ スナー ザ ベダ [ラ] ー]

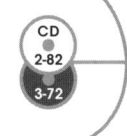

◀フレーズの解説▶
「…であるほど…だ」という意味になる＜比較級 , 比較級＞の構文で、「早ければ早いほどよい」という意味になるネイティヴ・フレーズ。

◀音声変化の解説▶
betterの [t] 音に弾音化が起こるため、[ベター] ではなく、[ベダ [ラ] ー] のような発音がなされる。

ダイアローグ 1

A When should I make your dentist appointment for?
あなたの歯医者さんの予約はいつにしましょうか？

B **The sooner the better.** This toothache is really bothering me.
早いほどいいな。歯の痛みでホントに大変なんだよ。

ダイアローグ 2

A When do you need me to repay that loan?
あの借金はいつ返せばいいかな？

B **The sooner the better.** Certainly no later than next Friday. I've got bills to pay too you know.
早いほどいいわ。絶対に今度の金曜よりは早くね。私にも払わなきゃならない請求があるのよ。

ダイアローグ 3

A When do you want me to come over to help fix your sink?
君のところのシンクの修理の手伝いはいつ来てほしいの？

B **The sooner the better.** There's water leaking all over the place!
早いほどがうれしいわ。ひどく水漏れしているの！

168 ムカつく！；頭にくる！

This is driving me crazy.
[ズィス イズ ドゥライヴィン＿ミー クレイズィー]

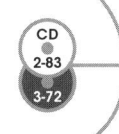

◀フレーズの解説▶
drive someone crazy は「だれかの頭をおかしくする」が直訳だが、実際には「だれかを怒らせる；ムカつかせる」という意味になる。This is driving me crazy. は「これが僕をムカつかせている」→「ムカつく；頭にくる；イライラする」という意味。

◀音声変化の解説▶
driving me は、[g] + [m] の部分で [g] 音が脱落し [ドゥライヴィン＿ミー] のように発音される。

ダイアローグ 1

A Hey doc. When can I get this cast off? **This is driving me crazy!**
ねえ、お医者さん。いつになったらこのギブスを外せるんです？ ホントにイライラするんですよ！

B You need it for at least another three weeks.
少なくともあと3週間は必要ですよ。

ダイアローグ 2

A Are you going to tell me when you're going to propose to her? **This is driving me crazy!**
彼女にはいつプロポーズするつもりなの？ ほんとうにやきもきするわ！

B I haven't decided yet. I just know I'm going to do it this year.
まだ決めてないよ。今年にはするだろうなと思ってる。

ダイアローグ 3

A My neighbors in the apartment next door are always playing loud music. Every night I can't sleep. **This is driving me crazy!**
アパートの隣の人が、いつも大音量で音楽をかけてるんですよ。毎晩、眠れなくて。ホント、頭にきてるんです！

B Thank you for letting me know. I'll speak to them about it.
知らせてくださってありがとうございます。先方に話をしてみますよ。

169 危ないよ！；気をつけて！

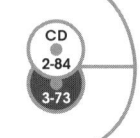

Watch out!
［ワッチャウ（ト）］

◀フレーズの解説▶
watch out は「用心する；警戒する」という意味になるフレーズ。この表現のように命令文になると「気をつけろ！；危ない！」などと危険を知らせる緊急時のひとことになる。

◀音声変化の解説▶
watch と out は音が混じり合って［ワッチャウ（ト）］のように発音されるが、末尾の破裂音［t］も脱落する場合がある。

ダイアローグ 1

A **Watch out!** That pot of soup is really hot!
気をつけて！そのスープ鍋、ものすごく熱いからね！

B Here. Give me your bowl and I'll serve you some.
あなたのボウルをこっちにちょうだい。私がつけ分けてあげるわ。

ダイアローグ 2

A **Watch out!** That car just swerved into our lane!
危ない！あの車、急にこっちのレーンに入ってきた！

B That was close! They must be on the phone or something. I hate that!
危なかったね！電話かなにかしてるんだわ。頭にくるわね！

ダイアローグ 3

A I've had enough to drink. I'm going home.
もう十分に飲んだよ。僕は帰るね。

B **Watch out.** I hear the police are everywhere tonight. You don't want to get a DUI.
気をつけて。今晩はそこいら中に警官がいるそうよ。飲酒運転で捕まりたくはないでしょ。

170 やったね！；その調子！

Way to go!
[ウェイ ドゥ[ル] ー ゴウ]

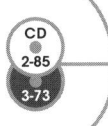

◀フレーズの解説▶
Way to go! は「行くべき道だ」が直訳。なにかで好調な人や、よくやっている人を、「やったね！；その調子！」とほめるときのネイティヴ・フレーズ。

◀音声変化の解説▶
to は 1 語だが、ここで弾音化が起こり [トゥー] ではなく [ドゥ[ル] ー] のように発音される。

ダイアローグ 1

A How did your interview go?
面接はどうだった？

B They hired me on the spot. I start tomorrow!
その場で採用になったよ。明日からスタートだ！

A Way to go!
やったね！

ダイアローグ 2

A You're on the company baseball team, right? How's the season going?
会社の野球部に入ってるんでしょ？ シーズンはどうなの？

B We're undefeated so far this year.
今年はまだ負け知らずだよ。

A Way to go!
その調子！

ダイアローグ 3

A How did you do in the marathon this past weekend?
週末のマラソンはどうだったの？

B I finished first in my age group and set a new personal record!
自分の年齢層では 1 位でゴールしたよ。自分の記録も塗り替えたしね！

A Way to go! All that training is paying off.
その調子よ！ 大変なトレーニングの効果が出てきたわね。

❶❼❶ なんとかなるよ。

We can work it out.
[ウィ キャン ワーキッダ [ラ] ウ (ト)]

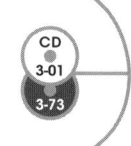

◀フレーズの解説▶
work out は「解決する」。We can work it out. は「(協力してがんばれば) なんとかなるよ；解決できるよ」といったニュアンスになるひとこと。It'll work out. (なんとかなるよ) という言い方もある。

◀音声変化の解説▶
work it out の3語が連結し、[ワーキッダ [ラ] ウ (ト)] という発音になる。it の [t] 音は弾音化し、out 末尾の [t] 音は弱まったり、脱落しやすい。

ダイアローグ 1

A I don't know what we're going to do! If we don't start turning a profit we're going to default on our loan!!
どうしたらいいのか、わからないわ！ 利益を出し始めないと、ローンの債務が不履行になってしまうのよ！

B **We can work it out.** I have a meeting with a small business advisor tomorrow morning.
なんとかなるよ。明日の午前中に小企業向けのビジネス・アドバイザーと打ち合わせするから。

ダイアローグ 2

A Thank you so much for the loan. I'm not sure when I can repay you though.
お金を貸していただき、ありがとうございます。でも、いつ返済できるかわからないんです。

B That's okay. **We can work it out.**
大丈夫ですよ。なんとかなりますって。

ダイアローグ 3

A If Sarah needs another surgery it will cost us thousands! How are we going to come up with the money?!
サラに再手術が必要なら、何千ドルもかかるのよ！ どうやってお金を工面すればいいの？

B **We can work it out.** It'll be alright.
なんとかなるよ。大丈夫さ。

172 同じ考えだね。

We see eye to eye.
[ウィ スィー アイ ドゥ[ル] アイ]

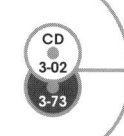

◀フレーズの解説▶

see eye to eye は「目を見合わせている」が直訳。ここから転じて、「意見が一致している」という意味で使われるようになったネイティヴ・フレーズ。類似表現には be on the same page「理解を共有している；意見が一致している」などもある。

◀音声変化の解説▶

eye to eye の to の [t] 音が弾音化し、[トゥー] ではなく [ドゥ[ル]] のように発音される。

ダイアローグ 1

A I think we have to cut back on our marketing budget. Our sales just don't support the kind of money we're spending.
マーケティングの予算を削減しなければならないと思うわ。うちの売上では、そんなに多額の出費を支えられないわよ。

B **We see eye to eye** there. I've been saying that for months!
同じ考えだよ。僕は何カ月もそう言ってるんだ。

ダイアローグ 2

A What do you think about the new department manager?
新しい部長のことどう思う?

B I like him. He really knows his stuff. **We see eye to eye** on a lot of things.
私は好きよ。スタッフのことをよくわかってるわ。多くの点で意見が一致するの。

ダイアローグ 3

A What were you and Jim arguing about?
あなたとジム、なにを口論してたの?

B **We don't see eye to eye.**
意見が合わないんだよ。

❶❼❸ すごい偶然だね！; なんて偶然だろう！

What a coincidence!
[ワッダ[ラ] コウインスィデンス[ツ]]

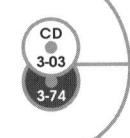

◀**フレーズの解説**▶
What a ...! は感嘆文で「なんて…なんだろう！」と驚きを表す。What a coincidence! は「なんという偶然だろう！；偶然だねえ！」という意味になる。

◀**音声変化の解説**▶
what a の what 末尾の [t] 音が弾音化し、[ワッダ[ラ]] と発音されるため、全体では [ワッダ[ラ] コウインスィデンス] となる。また、coincidence 末尾の [ns] 音が [nts] に変化する場合もある。

ダイアローグ 1

A You'll never believe what happened! We ran into our neighbors on our Caribbean cruise!
信じられないと思うけどさ！ カリブ海クルーズで偶然にご近所さんに出会ったんだよ！

B **What a coincidence!** Did you even know they were going?
すごい偶然ね！ その人たちが行くこと知っていたの？

A We had no idea! 全然知らなかったんだよ！

ダイアローグ 2

A Did you hear about that plane that crashed yesterday? I was supposed to be on it but I was late getting to the airport!
昨日事故に遭った飛行機のこと聞いたかい？ それに乗る予定だったんだけど、空港に到着するのが遅れたんだよ！

B No kidding?! **What a coincidence!**
ウソでしょ！ ものすごい偶然ね！

ダイアローグ 3

A I heard you have a new girlfriend!?
新しい彼女ができたんだって？

B Yeah. I met a woman I dated in college on the train the other day. We hadn't seen each other in years.
うん。大学でつき合ってた女性にこの前電車で会ってさ。何年も会ってなかったんだけど。

A **What a coincidence!**
すごい偶然だね！

174 バカバカしい！

What a joke!

[ワッダ[ラ] ジョウク]

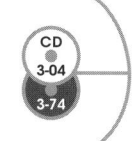

◀ **フレーズの解説** ▶
What a joke! は「なんとすごいジョークなんだ」という意味ででではなく、逆に「バカバカしい；バカバカしい話だ」といったニュアンスになるネイティヴ・フレーズ。

◀ **音声変化の解説** ▶
what a の連結部で [t] 音が弾音化するため、[ワッダ[ラ]] という発音になる。

ダイアローグ 1

A Did you hear the government is going to raise taxes this year?
今年、政府が増税するって聞いた？

B **What a joke!** As if we don't pay enough already.
バカバカしい。もう十分に支払ってるだろう！

ダイアローグ 2

A Did you get the office memo about the new dress code policy?
新しい服装規定の社内回覧はもらった？

B **What a joke!** I can't believe they're trying to make everyone wear suits. Even the women! It's ridiculous!
バカバカしい。全員にスーツを着せようとしてるなんて信じられないわ。女性までもって！バカげてるわよ！

ダイアローグ 3

A What do you think of our new TV commercial?
うちの新しいテレビ・コマーシャル、どう思う？

B **What a joke!** I never saw a cheesier commercial in all my life!
バカバカしい。あんなに安っぽいコマーシャルは生まれてはじめて観たよ！

175 残念！; がっかりだ！; がっかりだよね！

What a letdown!

[ワッダ [ラ] レッ__ダウン]

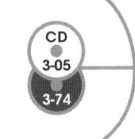

CD
3-05
3-74

◀フレーズの解説▶
letdown は「失望；落ち込み」。自分がとてもがっかりしたときに「がっかりだよ」という意味で使ったり、がっかりしている相手に対して「残念だね；がっかりだね」と共感や同情するときにも使われる。

◀音声変化の解説▶
what a の連結部で [t] 音が弾音化するため、[ワッダ [ラ]] という発音になる。また、letdown 中の [t] + [d] の部分では [t] 音の脱落が起こり、[レッ__ダウン] という発音がなされる。

ダイアローグ 1

A Did you upload the new OS for your ePhone?
ePhone を新 OS にアップデートした？

B Yeah. **What a letdown!** The old version was much easier to use.
うん。がっかりだよ。古いバージョンのほうがずっと使いやすかった。

ダイアローグ 2

A I can't believe the Braves lost their playoff game last night! **What a letdown!**
昨夜ブレーブスがプレーオフを落としたのは信じられないわね！超がっかり！

B Yeah. I really thought this was our year to go to the World Series.
うん。ワールド・シリーズに行くのは、今年こそ僕らだと思ってたのに。

ダイアローグ 3

A Have you been to that new steak restaurant that opened down the street?
通りを行ったところにできた新しいステーキ・レストランには行ったの？

B Yeah. My wife and I went last weekend. **What a letdown!** The food was mediocre at best.
うん。先週末、妻と行ったんだ。がっかりさ。食べ物は、よくても並ってところだったよ。

176 ああ、ほっとした！

What a relief!
［ワッダ［ラ］リリーフ］

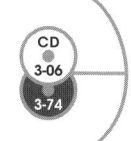

◀ **フレーズの解説** ▶
relief は「安堵」という意味の名詞。What a relief! では「なんと安心なことか」、つまり「ああ、ほっとした；ああ、よかった」といった意味になる。

◀ **音声変化の解説** ▶
what a の連結部で［t］音が弾音化するため、［ワッダ［ラ］］という発音になる。

ダイアローグ 1

A I heard your daughter was in the hospital. How is she doing?
娘さんが入院してるって聞いたよ。具合はどう？

B She was having dizzy spells but it turns out it was nothing serious.
めまいの発作があったんだよ。でも、重大なものじゃないってわかったんだ。

A **What a relief!** よかったわ！

ダイアローグ 2

A I heard Stew had a severe allergic reaction at a restaurant last night. Is he okay?
昨日の夜レストランで、ステューに強いアレルギーが出たって聞いたけど。大丈夫？

B Yes. Fortunately someone there had an epi-pen and injected him. He's going to be fine.
うん。幸い、そこにいた人がエピペンを持っていて打ってくれたの。彼は大丈夫。

A **What a relief!** ああ、よかった！

ダイアローグ 3

A Someone at the office said you got into a bad accident this weekend! What happened?
あなたが今週末、ひどい事故に遭ったって、オフィスの人が言ってたわよ！なにがあったの？

B I totaled my car, but I'm okay.
車がお釈迦になったんだ。でも、僕は大丈夫。

A **What a relief!** I was so worried!
よかったわ！すごく心配してたの！

177 いま、なにしているの？

What are you up to?
[ワッダ [ラ] ユ アッ（プ）トゥー]

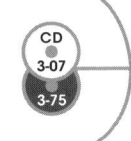

◀**フレーズの解説**▶
up to ... は「…に手をつけて」という意味のフレーズ。What are you up to? になると「いま、なに手をつけているの？；いまなにしてるの？」とその瞬間の状況たずねる言い回しになる。

◀**音声変化の解説**▶
what are you の部分では [t] 音の弾音化が起こるほか、are you は短く速く [アユ] のように発音される。up to では [p] + [t] と破裂音が連続するため、[p] 音が弱まったり脱落したりする。

ダイアローグ 1

A Hello ...
もしもし…

B Hey Jane. This is Bill. **What are you up to?**
やあ、ジェーン。ビルだよ。いまなにしてる？

A Not much. I'm just sitting here watching TV. Why?
別に。座ってテレビを観てるだけよ。どうして？

ダイアローグ 2

A Hey Mary! I'm surprised to see you on this side of town. **What are you up to?**
やあ、メアリー！ 町のこっちのほうで君に会うなんてびっくりだよ。なにしてるの？

B I was visiting a friend who lives near here.
この辺に住んでる友達のところに行ってたのよ。

ダイアローグ 3

A Hey Jim. **What are you up to?**
ねえ、ジム。なにしてるの？

B Not too much. What's up?
特にはなにも。どうしたの？

A I'm about to go play some tennis. I wondered if you wanted to join me.
テニスをしにいこうと思ってるところなの。いっしょにやらないかなって思って。

178 すごく安いね！

What a steal!
[ワッダ [ラ] スティーゥ]

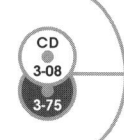

◀フレーズの解説▶
steal は「盗み」という意味だが、What a steal! は「なんてすごい盗みなんだ！」という意味ではなく、「なんて安い買い物なんだ！」と驚くときに使われる言い方。「いい買い物だったよ」と自分のことを言うときは、It was a steal. と表現する。

◀音声変化の解説▶
what a の連結部で [t] 音が弾音化するため、[ワッダ [ラ]] という発音になる。

ダイアローグ 1

A That's an awesome TV! What did that set you back?
すごいテレビだね！いくら払ったのさ？

B I got it on sale for $700.　セールで 700 ドルだったわ。

A **What a steal!**　安いね〜!

ダイアローグ 2

A Did you see that BMW Jim was driving!?
ジムが運転してた BMW を見た？

B Yeah. He said he only paid $12,000 for it and it only has 50,000 miles on it.
うん。あれは 12,000 ドルしか払ってないって言ってた。それに、50,000 マイルしか走行距離がないんだってさ。

A **What a steal!** That model should sell for twice that much!
すごく安いわね！あのモデルなら、2 倍で売れるはずよ！

ダイアローグ 3

A I heard you moved?　引っ越したんだって？

B Yeah. We bought a condo in Miami. I couldn't pass it up. It was only $120,000 and it's on the beach.
うん。マイアミにマンションを買ったの。見逃せなかったの。たったの 12 万ドルで、しかもビーチに面してるのよ。

A **What a steal!** I wish I could find a deal like that.
バカ安いね！僕もそういう取引を見つけられたらなあ。

❶❼❾ 超びっくり！

What a surprise!
[ワッダ［ラ］サプライズ］

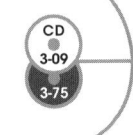

◀フレーズの解説▶
What a surprise! は「超びっくり！；びっくりした！」と驚きを表す感嘆表現。通常はうれしい驚きの場面に使うが、皮肉なニュアンスで用いられることもある。

◀音声変化の解説▶
what a の連結部で［t］音が弾音化するため、［ワッダ［ラ］］という発音になる。

ダイアローグ 1

A Happy birthday! Here's a little present from me. Open it!
誕生日おめでとう！ 私からのちょっとしたプレゼントだよ。開けてみて！

B **What a surprise!** I didn't think anybody remembered that today was my birthday!
びっくり！ だれかが今日が僕の誕生日だって覚えているなんて、思ってもみなかったよ！

ダイアローグ 2

A Mary! Nice to see you! **What a surprise!** I didn't know you were in town.
メアリー、会えてうれしいよ！ びっくりした！ 君がこっちにいるなんて知らなかったよ。

B I just flew in for the conference. I have to leave on Sunday.
会議があって飛行機で来たのよ。日曜には出発しなきゃならないけどね。

ダイアローグ 3

A Jim ... what are you doing here?
ジム、どうしてここにいるのよ？

B I heard you were in the hospital. I thought I'd bring you some flowers.
君が入院してるって聞いてね。花でも届けようと思ったんだ。

A **What a surprise!** Thank you!
びっくりしたわ！ ありがとう！

180 当然でしょ！; そりゃそうでしょ！

What did you expect?!

[ワッ_ディッジュ エクスペクト；ワッ_ディッジャ エクスペクト]

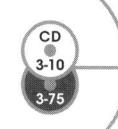

◀フレーズの解説▶
What did you expect? は「なにを期待していたの?」が直訳だが、実際は「そんなの当たり前でしょ；当然でしょ；そりゃそうでしょ」といったニュアンスで使われるフレーズ。

◀音声変化の解説▶
did you では [d] + [j] の部分で音が混じり合い [ディッジュ] と発音されるが、さらに弱まると [ディッジャ] と聴こえる場合もある。

ダイアローグ 1

A The button on this jacket I bought is broken!
僕が買ったこのジャケットのボタン、壊れてるよ。

B **What did you expect?!** It was on sale for $20!
それはそうでしょ！ 20ドルのセール品だったんだから！

ダイアローグ 2

A I can't believe how cold it is here in New York!
ニューヨークの寒さって信じられないね！

B **What did you expect?!** It's the middle of January!
当たり前じゃない！1月の中旬なのよ！

ダイアローグ 3

A It was amazing watching those pro golfers! I can't believe how good they are!
あのプロ・ゴルファーたちすごかったよね！信じられない腕前だよ。

B **What did you expect?!** That's why they're the best in the world!
当然よ！だからこそ世界のトップなのよ！

181 どう?

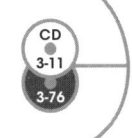

What do you say?
［ワッ_ドゥ ユ セイ］

◀フレーズの解説▶
What do you say? は「君はなにを言いますか?」が直訳。実際は、なにかを提案したあとなどに、「君はどう思う?；どう?」と質問するニュアンス。

◀音声変化の解説▶
what do では［t］+［d］から［t］音が脱落。do や you は、素早く短く読まれ［ドゥユ］のようになる。

ダイアローグ 1

A We both have a three-day weekend. Let's take a little vacation. **What do you say?**
ふたりとも週末は3連休だよね。ちょっと小旅行をしようよ。どう?

B I think that's a great idea!
それはいいわね!

ダイアローグ 2

A Let's go out to dinner. It's my treat. **What do you say?**
夕食に出かけようよ。おごるからさ。どう?

B I'd really love to but I can't. I've got other plans.
すごく行きたいんだけど、ダメなの。ほかに予定があるのよ。

ダイアローグ 3

A I'll give you $400 for your tablet. **What do you say?**
君のタブレットに400ドル払うよ。どう?

B That's a generous offer. I would, but my daughter bought this for me as a gift.
気前のいい申し出ね。娘のプレゼントじゃなかったら、受けるんだけどね。

182 そんなわけないよ！

What do you think?!

[ワッ__ドゥユ スィンク；ワッ__ドゥヤ スィンク]

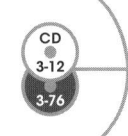

◀**フレーズの解説**▶
What do you think?! は、通常なら「あなたはどう思う?」という意味になるフレーズだが、you にストレスをおくことで、「なに言ってるの、そんなわけないでしょ；あり得ないよ」とシビアな現実を伝える言い方になる。この場合は、疑問文ではないので、返事は必要ない。

◀**音声変化の解説**▶
what do は [t] + [d] で破裂音が重なるため、[t] 音が脱落。you は短く素早く [ユ] あるいは [ヤ] のような発音になりやすい。

ダイアローグ 1

A Did the store give you your money back since the dishes were broken?
お皿が割れてたんだから、お店はお金を返してくれたんだよね?

B What do you think?!
そんなわけないでしょ。

ダイアローグ 2

A Did the boss offer to pay you overtime for working during the holidays?
祭日に働いたんだから、あなたの上司はお金を払ってくれるつもりなんでしょうね?

B What do you think?!
そんなはずないじゃん!

A I guess not.
そうでしょうね。

ダイアローグ 3

A How did you do at the casino? Did you win any money?
カジノはどうだったの? 少しは儲かったの?

B What do you think?!
そんなはずないじゃん。

A Well ... that's why they call it gambling.
そうね…だからギャンブルって呼ばれてるのよね。

❶❽❸ どうかしたの?

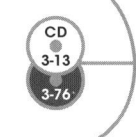

What's eating you?
［ワッツ イーディ［リ］ン＿ユー］

◀ **フレーズの解説** ▶
What's eating you? は「なにがあなたを食べているの?」が直訳。実際は、落ち込んでいたり不機嫌そうな相手に向かって、「どうしたの?；なにかあったの?」と声をかけるときのネイティヴ・フレーズ。

◀ **音声変化の解説** ▶
eating の [t] 音の弾音化や、[g] 音の脱落が生じるため、全体では［ワッツ イーディ［リ］ン＿ユー］のような発音になる。

ダイアローグ 1

Ⓐ You look like you're about to murder someone! **What's eating you?**
だれかを殺しちゃいそうな感じね! どうしたの?

Ⓑ I'm just sick of all this junk mail! It really pisses me off!
この迷惑メールの山にうんざりしてるんだよ! ホントにムカつくよ!

ダイアローグ 2

Ⓐ I've never seen you this upset! **What's eating you?**
あなたがこんなにイライラしてるのは、はじめて見るわね! どうしたの?

Ⓑ Somebody keeps parking in my parking spot. I've been complaining to management for weeks!
だれかが僕の駐車スペースに何度も停めているんだよ。何週間も管理人に苦情を言ってるんだけどね!

ダイアローグ 3

Ⓐ You look really ticked off! **What's eating you?**
かなり怒ってる様子だね! どうしたの?

Ⓑ I just got off the phone with my wife. We've been arguing a lot lately.
いま家内との電話を切ったところなんだ。最近、口論ばかりなんだ。

184 最近どう?;どうなってるの?;なにが起こってるの?

What's going on?
[ワッツ ゴウイノーン]

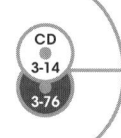

◀ **フレーズの解説** ▶
go on は「物事などが進展する;進む;起こる」がもとの意味。「なにが起こっているの?;行われているの?」が直訳だが、あいさつに使われると「最近どう?」と軽く声をかけるニュアンスになる。また、騒然とした場所でなにが起こっているのかをたずねるときに使われると「どうなってるのさ?;なんの騒ぎ?」といったニュアンスになる。

◀ **音声変化の解説** ▶
going on から破裂音 [g] が脱落。さらに on と連結するため、[ゴウイノーン] のように発音される。

ダイアローグ 1

A Hey Jim. Glad you could make it. **What's going on?**
あら、ジム。あなたが来られてうれしいわ。最近はどう?

B Nothing new with me. How about you?
特になにもないよ。そっちはどう?

ダイアローグ 2

A **What's going on?** Where is everybody?
どうなってるの? みんなはどこなの?

B There was a terrorist attack on the subway this morning. A lot of people are staying home.
今朝、地下鉄でテロ攻撃があったんだよ。多くの人は自宅に待機しているよ。

ダイアローグ 3

A What's all the noise? **What's going on?**
この騒ぎはなに? なにが起こってるの?

B Everybody's celebrating because management just announced we've had the best year ever!
経営陣が今年は最高の年になったと発表したから、みんなでお祝いしてるのさ!

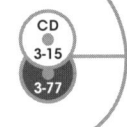

❶❽❺ どうしちゃったの？

What's gotten into you?
［ワッツ ガンン インドゥ［ル］－ ユー］

◀フレーズの解説▶
「あなたになにが入り込んじゃったの？」が直訳。相手の言動がふつうでないときに、「どうしちゃったの？」「なにがあったの？」といった気持ちでたずねるネイティヴ・フレーズ。

◀音声変化の解説▶
gotten の［tn］の部分が声門閉鎖音化するため［ガットゥン］という音が［ガンン］と変化。into の［t］音が弾音化することもある。

ダイアローグ 1

A This is the third time this week you've shown up late. **What's gotten into you?**
今週、遅刻したのはこれで三度目だよ。どうしちゃったの？

B I'm sorry. I've just been having trouble sleeping lately.
すみません。最近、うまく睡眠がとれないんです。

ダイアローグ 2

A You can't talk that way to a customer! **What's gotten into you?**
お客さんに対してあの口の利き方はないでしょ！どうしたのよ？

B I'm sorry. I've just been under a lot of stress lately.
すみません。最近、たくさんストレスを抱えてまして。

ダイアローグ 3

A **What's gotten into you?** I've never seen you act this way before!
どうしちゃったの？前にこんなことをしたことなかったでしょう！

B I just can't stand it when people talk down to me. It really makes me mad!
見下したものの言い方をされると我慢ならないんだよ。ほんとうに頭にくる！

186 なにかあったの？

What's the matter?

［ワッツ ザ［ワッツァ］マダ［ラ］ー］

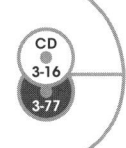

◀ **フレーズの解説** ▶
matter は「事情；問題」という意味の英単語。動揺していたり、困っていたり、様子のおかしい相手に対して「大丈夫?」「なにかあったの?」と声をかけるときのネイティヴ・フレーズ。

◀ **音声変化の解説** ▶
matter の［t］音が弾音化し、［ワッツ ザ マダ［ラ］ー］のように発音される。また、the の［ð］音が脱落することもあるが、その場合［ワッツァ マダ［ラ］ー］のように聴こえる。

ダイアローグ 1

A You look upset. **What's the matter?**
動揺しているみたいね。なにかあったの?

B I had to have my dog put to sleep this morning.
うちの犬を今朝、安楽死させなければならなかったんだよ。

A I'm really sorry to hear that.
それは気の毒だったわね。

ダイアローグ 2

A Why is everyone crying? **What's the matter?**
どうしてみんな泣いているんだい? なにかあったの?

B Haven't you seen the news? There was a huge earthquake in Los Angeles. They're reporting thousands of casualties.
ニュースを見なかったの? ロスで大地震があったの。何千もの死傷者が出ているんですって。

ダイアローグ 3

A Your face is red. Are you alright? **What's the matter?**
顔が真っ赤だよ。大丈夫? なにかあったの?

B I can't breathe! My chest hurts too. Call 911.
息ができないの! 胸も痛むのよ。911 に電話して。

❶❽❼ 間違いないよ。；確実だよ。

Without a doubt.
［ウィザウダ［ラ］ ダウ（ト）］

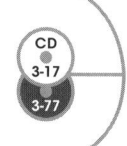

◀**フレーズの解説**▶
Without a doubt. は直訳すると「疑いなく」となる。実際は「間違いない；絶対にそうだ；確実だ」というニュアンスで使われるひとこと。

◀**音声変化の解説**▶
without a の［t］音が弾音化し、［ウィザウダ［ラ］］のように発音される。doubt の末尾の［t］音も弱まったり脱落する場合がある。

ダイアローグ 1

A Are you going to renew your golf club membership?
ゴルフ・クラブの会員権を更新するの？

B **Without a doubt.** I love this club!
確実だよ。いまのクラブが気に入ってるんだ！

ダイアローグ 2

A Do you think the US will elect a woman president?
アメリカは女性の大統領を選ぶと思う？

B **Without a doubt.** If Hillary Clinton runs I think she'll be a shoo-in.
間違いないね。ヒラリー・クリントンが立候補したら、彼女は本命になるよ。

ダイアローグ 3

A I think that is the best steak I ever had!
あれは、これまでで食べた最高のステーキだったわ。

B **Without a doubt.** Not just the food, but the service was five-star too!
間違いないね。食べ物だけじゃなくて、サービスも5つ星だったよ！

188 そのとおりだよ！

You can say that again!

[ユウ クン セイ ザッダ [ラ] ゲン]

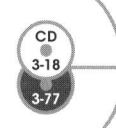

◀ **フレーズの解説** ▶
You can say that again! は「もう一度言ってもいい（くらい正しい）」が直訳。実際は相手に強く同調して、「まったく、そのとおりだ」というニュアンスで使われる表現。

◀ **音声変化の解説** ▶
can は短く [クン] に近い発音になる。that again の連結部では、[t] 音が弾音化するため [ザッダ [ラ] ゲン] と発音される。

ダイアローグ 1

A This company is so stingy! We had record profits this year and our bonus is the same as last year!
この会社はホントにケチくさいよね。今年は過去最高益を出したのに、ボーナスが去年のままなんて！

B You can say that again!
まったく、そのとおりよ！

ダイアローグ 2

A I think Van Halen is one of the best bands there ever was.
ヴァン・ヘイレンは、史上最高のバンドのひとつだよね。

B You can say that again. I hear they're planning a new album.
そのとおりよ。新しいアルバムを準備しているって聞いたわよ。

A Really?! I can't wait!
マジ? 待ちきれないよ！

ダイアローグ 3

A This weather is unbelievable! It's hotter than hell outside and it's only April!
この気候、信じらないわ！ 外は地獄よりも暑いのに、まだ4月だなんて！

B You can say that again. I can't believe I had to turn on the A/C this morning!
まさしく。今朝、エアコンをつけなきゃならなかったのが信じられないね。

❶❽❾ 冗談でしょ。；ウソだろ。

You can't be serious.
[ユウ キャン_ビ シァリアス]

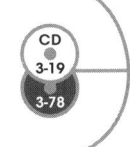

◀**フレーズの解説**▶
You can't be serious. は「君がまじめであるはずがない」が直訳。相手の言葉に驚いて「冗談で言ってるんだろ；ウソだろう」と聞き返すひとこと。

◀**音声変化の解説**▶
can't be の連結部で、[t] + [b] と破裂音が連続するため、[t] が脱落して発音される。

ダイアローグ 1

A I got laid off today.
今日クビになったんだよ。

B **You can't be serious!**
ウソでしょ?

ダイアローグ 2

A Cindy and I are getting a divorce.
シンディーと僕は離婚するんだよ。

B Why?
どうして?

A I caught her with another man.
彼女がほかの男といるところを見つけたんだ。

B **You can't be serious!**
冗談でしょ?

ダイアローグ 3

A That restaurant we always go to closed its doors.
いつも僕らが通っているレストラン、閉店したんだよ。

B **You can't be serious!** They've been there forever!
うっそー! ずっとあそこで営業してきたのに!

190 冗談で言ってるんでしょ。；本気じゃないよね。

You don't mean that.

[ユウ ドン＿ミーン ザッ(ト)；ユウ ドン＿ミーナッ(ト)]

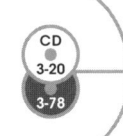

◀フレーズの解説▶

mean は「意味する；そういうつもりだ」といった意味を表す動詞。You don't mean that. は「あなたはそういうつもりで言っているのではない」が直訳だが、実際は「冗談言ってるんでしょ；本気で言ってるわけじゃないでしょ」といったニュアンス。

◀音声変化の解説▶

don't の [t] 音の脱落が起こる。また、mean that では [n] + [ð] が混じり合うことで [ミーナット] という発音になる場合もある。

ダイアローグ 1

A I can't believe my own brother accused me of stealing from him. I'm never going to speak to him again!

実の兄弟に盗みの罪を着せられるなんて、信じがたいわ。彼とは絶交よ！

B **You don't mean that!**

本気じゃないよね。

ダイアローグ 2

A If he ever says that to me again I'm going to punch him in the mouth.

彼がまた同じことを僕に言ったら、口にパンチを喰らわせてやるよ！

B **You don't mean that!** You two have been friends for years!

冗談で言ってるんでしょ！ふたりは、長年の友達じゃないの。

ダイアローグ 3

A The Giants are terrible! I'm never going to watch them again.

ジャイアンツはひどいね！二度と観ないよ。

B **You don't mean that.** You said the same thing last season.

本気じゃないわね。前のシーズンも同じことを言ってたじゃないの。

191 知らないほうがいいよ。；恥ずかしくて言えないよ。

You don't want to know.
[ユウ ドン_ウォナ ノウ]

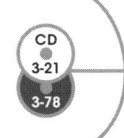

◀**フレーズの解説**▶
You don't want to know. は「あなたは知りたくないよ」が直訳。実際は、なにかの結果が悪かったときにネイティヴがよく使うフレーズで、「聞かないほうがいいよ；知らないほうがいいよ」あるいは「恥ずかしくて言えないよ」といったニュアンスになる。

◀**音声変化の解説**▶
don't の［t］音が脱落。また、want to は want の［t］音が脱落して、弱化した to［ァ］に連なるため、［ウォナ］と発音される。

ダイアローグ 1

A How did your presentation go?
プレゼンテーションはどうだったの？

B You don't want to know.
知らないほうがいいよ。

A Come on. It couldn't have been that bad!
教えてよ。そんなにまずかったはずはないでしょ！

B My computer crashed right in the middle of it!
プレゼンの真っ最中にコンピューターがクラッシュしたんだよ。

ダイアローグ 2

A How was your first day on the job?
仕事の初日はどうだった？

B You don't want to know. 恥ずかしくて言えないわ。

A That bad, huh? そんなにひどかったの？

ダイアローグ 3

A How much was the check?
お勘定はいくらだった？

B You don't want to know. 知らないほうがいいよ。

A Let me get half. 半分もたせて。

B No ... I got this. いや…僕が払うから。

192 わかった?

You got it?
[ユウ ガッディ[リ]ッ(ト)]

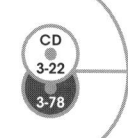

CD
3-22
3-78

◀ **フレーズの解説** ▶
get は「理解する」という意味の動詞。You got it? は「わかった?;理解した?」という意味で、確認に使われる言い回し。この質問に対して「わかった」と返事をしたいときには、I got it. と表現できる。

◀ **音声変化の解説** ▶
got it の2語が連結するが、連結部で [t] 音が弾音化するため [ガッディ[リ]ッ(ト)]と発音される。末尾の [t] 音も脱落しやすい。

ダイアローグ 1

A I need you to pick up my parents at the airport. They're arriving on Delta flight 937 from Atlanta at 9:15. **You got it?**
空港で僕の両親を拾ってほしいんだよ。アトランタ発のデルタ航空の 937 便で、9 時 15 分に到着するんだ。わかった?

B Yep. I'll be there.
うん。わかった。

ダイアローグ 2

A How do I get to the train station from here?
ここから駅まではどうやって行けばいいでしょう?

B Walk three blocks north and turn left. It will be about three blocks down on your right, across from the bank. **You got it?**
3 ブロック北へ歩いて左折してください。だいたい 3 ブロック進むと、あなたの右手、銀行の向かいにありますよ。わかりました?

ダイアローグ 3

A If I ever catch you texting and driving I'll take away your phone. **You got it?**
あなたが運転中にショート・メールをしているのを見つけたら、携帯を取り上げるわ。わかった?

B I got it Mom. Don't worry. I'm not that dumb.
わかったよ、母さん。心配しないで。僕はそんなにバカじゃないからさ。

193 ラッキーだったね。

You got lucky.
[ユウ ガッ_ラッキー]

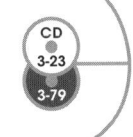

CD 3-23
3-79

◀**フレーズの解説**▶
You got lucky. は「君はラッキーを手に入れたね」が直訳。実際は「運がよかったね」とよろこんであげるニュアンスと、「運がよかっただけだよ」と冷たくあしらうニュアンスの両方で使われる。類似表現に、You lucked out.「（実力とは関係なく）運がよかったな」という言い方もある。

◀**音声変化の解説**▶
got lucky では［t］＋［l］の連続があるため、破裂音［t］が脱落しやすい。

ダイアローグ 1

🅐 I told you I was going to beat you on the tennis court today.
今日は、私がテニスコートであなたをやっつけるって言ったでしょ。

🅑 **You got lucky.** I wasn't on my game.
運がよかっただけさ。僕は調子が悪かったんだよね。

ダイアローグ 2

🅐 I can't believe I found my ring after losing it at the beach yesterday!
昨日、ビーチで指輪を落としたあと見つかったのは信じられないわ。

🅑 **You got lucky.** It's a good thing someone else didn't find it first.
運がよかったね。ほかの人が先に見つけなくてよかったね。

ダイアローグ 3

🅐 I won $2,500 on a slot machine at the casino last night!
昨夜はカジノのスロット・マシンで 2,500 ドル勝ったんだよ！

🅑 **You got lucky.** That'll probably never happen again.
運がよかっただけよ。そんなことは、二度と起こらないと思うわ。

194 あのさあ！

You know what?!

[ユ ノウ ワッ(ト)]

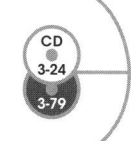

◀ **フレーズの解説** ▶
You know what? は直訳すると「なんだか知ってる?」となる。実際は、相手になにかの話を切り出すときに「あのね；あのさ」といったニュアンスで使われるネイティヴ・フレーズ。類似表現には Guess what!「あのね!」などがある。

◀ **音声変化の解説** ▶
you は短く素早く [ユ] のように発音される。また、what の末尾の [t] 音が弱まったり、脱落したりする場合がある。

ダイアローグ 1

A You know what?!
あのさ。

B What?
え?

A I think I'm finally going to quit smoking!
ついにタバコをやめようと思ってるんだ。

B Really?!
ホントに?

ダイアローグ 2

A Are you still mad at Jerry for posting that picture of you on Facebook?
ジェリーが君の写真をフェイスブックに載せたこと、まだ怒ってるの?

B You know what?! Now I'm actually glad he did. I've gotten a lot of compliments on it!
あのさあ。いまは実はよろこんでいるの。たくさんほめことばをもらったのよね。

ダイアローグ 3

A You know what? I think I'm going to adopt a child.
あのさ。私、養子を取ろうと思ってるの。

B Are you sure?! That's a huge responsibility!
そうなのかい? それは、すごく責任重大だよ!

❶❾❺ そのうち忘れるさ。

You'll get over it.
[ユーゥ ゲッド [ロ] ウヴァーリッ (ト)]

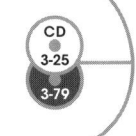

◀フレーズの解説▶
get over ... は「…を乗り越える」という意味になるフレーズ。You'll get over it. は「君は乗り越えるだろう」→「(乗り越えて) そのうち忘れるさ」というニュアンス。

◀音声変化の解説▶
get over it は連結するが、get の [t] 音が弾音化するため、[ゲッド [ロ] ウヴァーリッ (ト)] といった発音になる。

ダイアローグ 1

A I can't believe they passed me over for that promotion!
会社が僕を昇進に含めなかったのが信じられないんだ!

B **You'll get over it.** Just keep doing what you're doing and you'll get your due.
そのうち忘れるわよ。やるべきことをやっていさえすれば、認められるわよ。

ダイアローグ 2

A I'm just sick that we lost in the finals.
ファイナルで負けたのがすごく癪に障ってるんだよ。

B **You'll get over it.** Look at it this way. There's always next year.
そのうち忘れるわよ。こういうふうに考えたら? 必ず来年はやってくるって。

ダイアローグ 3

A I still can't believe she broke up with me! I really loved her!
彼女が僕を振ったことがまだ信じられないんだ! ほんとうに愛してたのに!

B **You'll get over it.** There are plenty of fish in the sea.
そのうち忘れるわよ。女性はほかにもたくさんいるんだもの。

❶❾❻ わかんない。

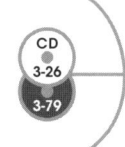

You lost me.
[ユー ロウス_ミ]

CD 3-26
3-79

◀フレーズの解説▶
You lost me. は「あなたは私を失った」が直訳。実際は、相手の言っていることがわからないときに使われるフレーズ。日本語の「わかんない」「わかりません」といった言葉に近い響きがある。

◀音声変化の解説▶
lost me は破裂音［t］のあとに鼻音［m］が連なっているため、［t］音が脱落しやすい。

ダイアローグ 1

A I'm thinking about buying a cell phone. Do you have any suggestions on what kind to buy?
携帯電話を買おうと思ってるの。おすすめの種類はある？

B You definitely want a smart phone. Preferably a 4G. If I were you I'd get a phablet.
絶対にスマホがいいよ。できれば 4G だね。僕だったらファブレットを買うけどね。

A What is a phablet?! **You lost me.**
ファブレットってなに？ わかんない。

ダイアローグ 2

A Walk north three blocks, turn left on River street, and when you come to the second intersection turn right.
北へ 3 ブロック歩いて、リバー通りで左折、それから 2 番目の交差点に来たら右折ですよ。

B What a minute. **You lost me.** ちょっと待って。わかりません。

ダイアローグ 3

A Do you think I should invest in a mutual fund?
投資信託に投資するべきだと思うかい？

B Well that depends on the rate of return. Of course, an IRA or money market account means less taxes ...
うーん、リターンの率によるわね。もちろん、IRA や MMA は、税額は低いけど…

A Whoa. **You lost me.** Say that again?!
待って。わかんないよ。もう一度、言って！

197 僕も同じだよ。

You're not alone.

[ユァ ナッダ [ラ] ローン]

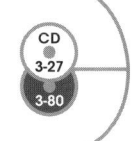

◀**フレーズの解説**▶
You are not alone. は直訳すると「あなたはひとりじゃないよ」ということ。実際は「自分も同じ状況だから、君の気持ちはよくわかるよ」といったニュアンスで使われるネイティヴ・フレーズ。類似表現に、Join the club.「私と同じだね」などもある。

◀**音声変化の解説**▶
not alone の連結部で弾音化が起こるため、[ナッダ [ラ] ローン] のように発音される。

ダイアローグ 1

A I'm so tired of all the negative stories on the news these days.
最近のニュースは、暗い話ばかりでいやになるわ。

B **You're not alone.** I don't even watch the news anymore.
僕も同じだよ。もうニュースさえ観ちゃいないけどね。

ダイアローグ 2

A I'm so happy the yen is finally gaining value against the dollar.
ついに円がドルに対して値上がりし始めたからすごくうれしいんだ。

B **You're not alone.** I was seriously considering moving back to the States.
私もよ。真剣にアメリカに帰国することを考えていたんだもの。

ダイアローグ 3

A I'm really starting to feel old. My little girl is about to get married!
ホントに年齢を感じ始めたわ。うちのちっちゃな娘がもう結婚するの。

B **You're not alone.** I'm about to be a grandfather!
同じだよ。僕も、もうすぐおじいちゃんになるよ!

198 まさにそのとおり。

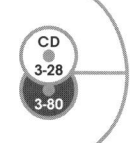

You're telling me.

[ユァ テリン_ミー]

◀フレーズの解説▶
You are telling me. は「あなたは私に言っている」が直訳だが、実際は「まさに、君の言うとおり；まさしく」と、相手の言葉を強く肯定するニュアンスになる。

◀音声変化の解説▶
telling me で [g] + [m] の連続があるため、[g] が脱落し、[テリン_ミー] という発音がなされる。

ダイアローグ 1

A I never dreamed that gold would someday be more than $1,000 an ounce!

金の価格がいつか1オンスで千ドルを超えるなんて、夢にも思わなかったわ!

B **You're telling me!** I remember when it was under $200!

まさにそうだね! 200ドル以下だった頃を覚えているよ!

ダイアローグ 2

A I'm surprised that restaurant went out of business. I thought they had great food!

あのレストランが閉店して驚いたよ。おいしい料理を出していると思ってたのに。

B **You're telling me!** I used to go there two or three times a week!

そのとおりね! 私も以前は週に2, 3回は、あそこに通ってたわ!

ダイアローグ 3

A I was looking at online prices for airfare last night. I couldn't believe how expensive tickets were.

昨夜、インターネットで航空運賃を見ていたの。チケットの値段の高さにびっくりしたわよ。

B **You're telling me!** My ticket to LA last week cost me almost $800!

そのとおり! 先週のロサンゼルス行きの僕のチケットなんて、ほぼ800ドルかかったんだよ。

199 まさにそのとおり！

You said it!

[ユウ セディ [リ] ッ (ト)]

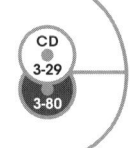

◀ **フレーズの解説** ▶
You said it. は「君はそれを言った」が直訳だが、実際には「まさに君の言うとおりだ；そのとおり」といったニュアンスになる。

◀ **音声変化の解説** ▶
said it は連結して［セディッ（ト）］となるが、［d］音が弾音化すると［セディ［リ］ット］のように聴こえる。末尾の［t］音も脱落しやすい。

ダイアローグ 1

A That movie was terrible!
あの映画はひどかったね！

B You said it! What a waste of time and money!
そのとおりよ。ものすごく時間とお金の無駄になったわ！

ダイアローグ 2

A Did you watch the World Cup finals last night!?
昨夜は、ワールド・カップのファイナルを観た？

B Sure did. That was the best game I've ever seen.
もちろん。これまでで最高の試合だったね。

A You said it.
そうなのよ。

ダイアローグ 3

A I think Michael Jordan was the best basketball player ever!
マイケル・ジョーダンがこれまでで最高のバスケ選手だったと思うわ！

B You said it! He's the best the world has ever seen!
そのとおり！ 彼こそ、全世界の歴史上で最高だよ！

200 やめて！；黙れ！

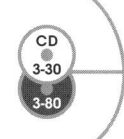

Zip it!
［ズィッピッ (ト)］

CD 3-30
3-80

◀ **フレーズの解説** ▶
zip は「ジッパーで閉じる」がもとの意味。そこから転じて「口を閉ざす」という意味に変化したもの。Zip it. は「うるさい！；黙れ！」という強いニュアンスで、相手の言葉をそれ以上続けさせたくない場面で使われる。

◀ **音声変化の解説** ▶
zip と it は、音が連結して［ズィッピッ (ト)］のように発音。末尾の［t］音も脱落しやすい。

ダイアローグ 1

A I'm sorry to be late. The traffic was terrible.
遅れてすみません。道がひどく混んでいて。

B **Zip it.** I don't want to hear any excuses!
黙りなさい。言い訳は聞きたくありません！

ダイアローグ 2

A I told you they wouldn't agree to our proposal.
先方は君の提案に乗ってこないだろうって、僕は言ったじゃないか。

B **Zip it.** I don't want to hear it.
やめて。聞きたくないわ。

ダイアローグ 3

A I'm really sorry I forgot our anniversary.
記念日を忘れていて、ほんとうにごめんよ。

B **Zip it!** I'm so mad at you right now!
うるさいわよ。私は、すごく頭にきているのよ！

■ 著者略歴

長尾 和夫（Kazuo Nagao）

福岡県出身。南雲堂出版、アスク講談社、NOVA などで、大学英語教科書や語学系書籍・CD-ROM・Web サイトなどの編集・制作・執筆に携わる。現在、語学書籍の出版プロデュース・執筆・編集・翻訳などを行うアルファ・プラス・カフェ（www.alphapluscafe.com）を主宰。『絶対『英語の耳』になる！』シリーズ（三修社）、『つぶやき英語』『カンタン英会話パターン 88』（アスク出版）、『起きてから寝るまで英会話口慣らし練習帳（完全改訂版）』（アルク）、『英会話 見たまま練習帳』（DHC）、『英語で自分をアピールできますか？』（角川グループパブリッシング）、『そのまま使える SNS の英語 1500』（日本経済新聞出版社）、『ネイティブ英語がこう聞こえたら、この英語だ！』（主婦の友社）ほか、著訳書・編集は 250 点余りに及ぶ。『English Journal』（アルク）、『CNN English Express』（朝日出版社）など、雑誌媒体への寄稿も行っている。

トーマス・マーティン（Thomas Martin）

米国在住、米国オハイオ州出身。南山大学卒業。日本語・日本史専攻。株式会社 NOVA での豊富な英語指導経験を活かし、同社出版局に移籍。雑誌『NOVA Station（ノヴァ・ステーション）』、語学書籍シリーズ『NOVA Books』をはじめ、数多くの英語・異文化交流関連出版物の編集・執筆・翻訳等に携わる。98 年に独立後も、語学書籍の執筆・編集や知的財産関連の翻訳、ビリヤード専門誌『CUE'S』の連載などを手がけマルチに活躍中。著書に『目で見て英語でパッと質問できる瞬間 Q&A ドリル』『つぶやき英語 ビジネス編』（アスク出版）、『絶対『英語の耳』になる！ ビジネス英語 難聴トレーニング 50』（三修社）、『説明するためのビジネス英語表現練習帳』（DHC）、『イラスト会話ブック・アメリカ』（JTB パブリッシング）、『新方式対応 TOEIC テスト厳選トータル問題集』（すばる舎）などがある。

絶対『英語の耳』になる！
クールなネイティヴ英語で鍛える！
口語表現＆スラング リスニング200

2014 年 2 月 10 日　第 1 刷発行

著　者	長尾和夫　トーマス・マーティン
発行者	前田俊秀
発行所	株式会社三修社

〒 150-0001　東京都渋谷区神宮前 2-2-22
TEL 03-3405-4511　FAX 03-3405-4522
振替 00190-9-72758
http://www.sanshusha.co.jp/
編集担当　北村英治

印刷・製本　壮光舎印刷株式会社

©2014 A+Café　Printed in Japan
ISBN978-4-384-04584-0 C2082

®〈日本複製権センター委託出版物〉
本書を無断で複写複製（コピー）することは、著作権法上の例外を除き、禁じられています。
本書をコピーされる場合は、事前に日本複製権センター（JRRC）の許諾を受けてください。
JRRC〈http://www.jrrc.or.jp　e-mail：info@jrrc.or.jp　電話：03-3401-2382〉